Sweets

HIMMLISCHE VERFÜHRUNGEN FÜR DEN GANZEN TAG

i
INHALT

6
FRÜHSTÜCK: Genussvoll in den Tag starten
Mit Schokowaffeln, Müsli und French Toast, Pancakes,
Scones und Früchtebecher

30
SNACKS: Gutes für zwischendurch
Mhhhmmm-Vorrat anlegen an Granola, Cookies, Muffins,
Powerkugeln und Reistöpfchen

52
MITTAGESSEN: Alles zum Sattessen
Marillenknödel zum Verlieben, Germknödel, Pfannkuchen, Strudel
und herrliche Nockerl

74
TEATIME: Mußestunden am Nachmittag
Naschereien zu Tee oder Kaffee – Madeleines und Cupcakes,
kleine Krapfen, Biskuit und Pralinentarte

96
GARTENFEST: Kühle Überraschungen
Was unter freiem Himmel am allerbesten schmeckt – Eis am Stiel der
Extraklasse, rote Grütze, Limonade und Melonensalat

116
DESSERTS: Das Beste zum Schluss
Macht Abendessen noch feiner – Gefrorenes und Ofenfrisches,
zarte Cremes und gefüllte Törtchen

138
BETTHUPFERL: Kleine Leckerbissen
Mitbringsel im Miniformat – Schokokekse und Pralinen, Karamellen,
Trüffel und Makronen

4 Vorwort | 5 Tipps & Tricks | 154 Register | 160 Impressum

Dieses Buch ist genau richtig für Sie, wenn Sie ...

... Pfannkuchen schon immer einem Leberwurstbrot vorgezogen haben.

... wissen, dass Omas Grießbrei der beste Seelentröster sein kann.

... die Zutaten Butter, Zucker, Sahne, Eier und Schokolade sowieso immer im Haus haben.

... die Kuchentheke in der Konditorei Ihre Augen zum Strahlen bringt.

... einen gut gemachten Klassiker mindestens so schätzen wie ausgefallene Kreationen.

... finden, dass Kaffee und Kuchen eine völlig unterschätzte Mahlzeit ist.

... Spaß daran haben, neue Geschmackskombinationen zu entdecken oder auch mal eine seltenere Zutat aufzuspüren. Kennen Sie Matcha-Grünteepulver, Muscovado-Zucker, Pekannüsse?

... nicht irgendeinen Kuchen backen wollen, sondern einen, der es wert ist.

Dieses Buch ist eher nichts für Sie, wenn Sie ...

... nach jedem süßen Leckerbissen ein schlechtes Gewissen haben.

... nicht ohne Kalorienzählen leben können.

... keinen Spaß daran haben, auch mal ein wenig länger in der Küche zu stehen.

... den Dessertgang sowieso immer auslassen.

... nach strengen Diätrichtlinien oder Ernährungsgrundsätzen leben.

Ich selbst ...

... bin eine ausgesprochene Naschkatze. Liebevoll verzierte Plätzchen, Kuchen-Klassiker und Mehlspeisen nach Großmutters Rezepten lassen mein Herz höher schlagen. Allein der Duft von Vanille, Quitten oder Zimt kann mir ein Lächeln ins Gesicht zaubern. In Restaurants frage ich nach der Dessertkarte, noch bevor ich mich für ein Hauptgericht entscheide, und auf Reisen interessieren mich zuallererst Patisserien und lokale Süßigkeiten. Diese Vorliebe lässt sich sogar streng wissenschaftlich erklären: Zucker aktiviert im Gehirn das Glückshormon Dopamin – weswegen ich diese ausgeprägte Schwäche für alles Süße wohl auch mit so vielen Menschen teile. Diese Leidenschaft war der Auslöser für die Idee »Sweets«: Eine Sammlung meiner süßen Lieblingsrezepte, etwas für jede Tageszeit, jeden Anlass, jede Saison. Von klassischen Mehlspeisen wie Germknödeln mit Vanillesauce über die allerbeste Crème brulée (mit Passionsfrucht), von einem beeindruckenden Frühstücksgericht (Luftikus) bis zu Teegebäck, selbst gemachten Snacks und kleinen Naschereien finden Sie alles, was Naschkatzen und Schleckermäuler glücklich macht.

Was natürlich keinesfalls heißen soll, dass Sie sich nur noch süß und zuckerhaltig ernähren sollen! Aber wenn die Lust auf Süßes kommt, sollte immer auch ein wunderbares Rezept griffbereit sein. Und vielleicht entdecken Sie in »Sweets« ja ein paar neue Lieblingsrezepte?

Nicole Stich

Tipps & Tricks

Um unnötiges Blättern zu vermeiden, stehen nützliche Tipps direkt bei den Rezepten. Ein paar grundsätzliche Punkte möchte ich trotzdem vorwegschicken:

* Jedes Rezept vor der Zubereitung mindestens einmal vollständig durchlesen und alle Zutaten sowie alle erforderlichen Hilfsmittel bereitstellen.
* Für rundum gelungene Ergebnisse ist keine Hightech-Küche notwendig, Spaß am Kochen und Backen sowie Vertrauen in die eigenen Fähigkeiten sind allemal wichtiger. Lediglich zwei Utensilien halte ich für unersetzlich: eine gute Digitalwaage für exaktes Abwiegen und ein Ofenthermometer zur Temperaturkontrolle.
* Ein Rezept kann nur so gut sein wie die dafür verwendeten Zutaten. Deshalb immer – im Rahmen des eigenen Geldbeutels – die besten verfügbaren Zutaten verwenden.
* Der Schwierigkeitsgrad eines Rezeptes ist mit Sternchen kategorisiert: Rezepte mit ✶✷✷ sind ein guter Einstieg für ungeübtere Köche, solche mit ✶✶✶ erfordern etwas Erfahrung und/oder besondere Fingerfertigkeiten.
* Zubereitungszeiten sind zur besseren Einschätzung angegeben, können aber abhängig vom persönlichen Arbeitsstil variieren.
* TL- und EL-Angaben werden gestrichen abgemessen, wenn nichts anderes angegeben ist.
* »Über dem heißen Wasserbad« heißt, eine große Metallschüssel auf einen Topf mit wenig Wasser setzen und den Schüsselinhalt über dem heißen Wasserdampf, meist mit einem Schneebesen, aufschlagen.

F

FRÜHSTÜCK
Genussvoll in den Tag starten

Rosinenbrötchen
mit Mandelsplittern

MENGE 8 Stück | **ZUBEREITUNGSZEIT** ca. 30 Min. plus 1¾ Std. Gehen und 12–14 Min. Backen
SAISON ganzjährig | **SCHWIERIGKEITSGRAD** ✶✶✶

Für den Teig: 150 ml Milch | 325 g Mehl
10 g frische Hefe | 25 g Butter
40 g Rosinen | 50 g (Vanille-)Zucker
1 Ei (M) | 1 Prise Salz

Außerdem: 50 g Mandelsplitter | 1 Ei (M) | 2 EL Milch | 2 EL Hagelzucker
Mehl zum Arbeiten | Butter und Konfitüre zum Servieren

1 Für den Teig die Milch lauwarm erhitzen. Das Mehl in eine Schüssel geben und eine Mulde formen. Hefe hineinbröckeln, mit der Milch begießen und abgedeckt an einem warmen Ort ca. 15 Min. gehen lassen, bis der Vorteig Blasen wirft.

2 Inzwischen Butter (im Milchtopf) schmelzen lassen, dann zum Abkühlen vom Herd nehmen. Die Rosinen mit heißem Wasser übergießen und einweichen lassen.

3 Die Teigzutaten in der Schüssel nun von Hand oder mit dem Knethaken der Küchenmaschine auf niedriger Stufe verkneten, dabei nacheinander (Vanille-)Zucker, Ei, Butter und Salz dazugeben. Den Teig mindestens 5 Min. kneten (lassen), er sollte nur noch wenig kleben und sich größtenteils von der Schüssel lösen. Dann die Rosinen mit der Hand ausdrücken und ebenfalls unterkneten. Den Teig zu einer Kugel formen und zugedeckt in der Schüssel gehen lassen, bis sich sein Volumen nahezu verdoppelt hat (ca. 1 Std.).

4 Ein Backblech mit Backpapier auslegen und die Mandelsplitter sowie etwas Wasser (und einen Pinsel) in separaten Schüsselchen bereitstellen.

5 Den Teig auf die bemehlte Arbeitsfläche geben, in 8 gleich große Stücke teilen und zu kugelrunden Brötchen formen. Dabei darauf achten, dass sie eine schön gespannte Oberfläche bekommen. Die Unterseite mit etwas Wasser einpinseln, direkt in die Mandelsplitter tauchen und mit den Mandelsplittern nach unten (!) auf das Backpapier setzen. Mit einem Küchentuch abdecken und nochmals 30 Min. gehen lassen. Nach 15 Min. den Backofen auf 200° (Umluft 180°) vorheizen.

6 Ei und Milch in einer Schüssel mit einer Gabel verschlagen, die Brötchen gleichmäßig damit einpinseln. Wer mag, schneidet mit einem gezackten Messer noch ein Kreuz in die Oberfläche. Brötchen mit Hagelzucker bestreuen. Im Ofen (Mitte) in 12–14 Min. goldbraun backen. Am besten noch leicht warm mit Butter und Konfitüre genießen.

TIPP: Die »rohen« Brötchen lassen sich übrigens auch einfrieren. Dazu die fertig geformten Teigkugeln auf einem Brett 2 Std. vorfrosten, dann in einen Gefrierbeutel stecken und komplett durchfrieren lassen. Sie halten bis zu 3 Monate. Die Brötchen zum Auftauen direkt aufs mit Backpapier belegte Blech setzen, nach 2 Std. wie oben beschrieben einpinseln und backen.

Während ich noch als Studentin fein säuberlich jede Rosine aus diesen Brötchen gepuhlt hätte, habe ich die kleinen, verschrumpelten Trauben die letzten Jahre lieben gelernt. Es besteht also durchaus Hoffnung für überzeugte Rosinenhasser – ich war mal eine von ihnen! Wer dennoch zweifelt, die Brötchen lassen sich natürlich auch ohne Rosinen backen ...

Man sagt zwar, man begegnet sich immer zweimal im Leben, aber ob dieser Spruch auch auf Rezepte zutrifft? Während meiner Studentenzeit in Regensburg gehörte ausgedehntes Frühstücken mit Freunden zum perfekten Wochenende, am allerliebsten im Bistro »Orphée«. Das französische Ambiente, die fantastischen Kuchen und ganz besonders ein pinkfarbenes Müsli waren mir in guter Erinnerung geblieben. Viele Jahre nach meinem letzten »Orphée«-Besuch eröffnete in unserer unmittelbaren Nachbarschaft ein uriges Café names »Lollo Rosso«, und was entdeckte ich auf der Karte? Ein »Müsli Orphée« – tatsächlich inspiriert von meinem alten Lieblingsbistro!

Müsli Orphée

MENGE 4 kleine Portionen | **ZUBEREITUNGSZEIT** ca. 15 Min. plus 10 Min. Durchziehen
SAISON ganzjährig | **SCHWIERIGKEITSGRAD** ✲✲✲

100 g zarte Haferflocken
ca. 200 ml Milch
200 g Erdbeeren (frisch oder TK)
1 säuerlicher Apfel (z. B. Gravensteiner, Granny Smith)
25 g (Vanille-)Zucker oder Honig (nach Geschmack gerne mehr)
optional: 50 g Sahne
1–2 EL gehackte Nüsse (z. B. Mandeln, Haselnüsse)

1 Die Haferflocken in einer Schüssel mit der Milch übergießen, gut umrühren und kurz quellen lassen. Inzwischen die Erdbeeren waschen und putzen. 150 g Beeren mit einem Stabmixer fein pürieren, den Rest in kleine Stücke schneiden und für die spätere Dekoration zur Seite stellen. (Die TK-Beeren auftauen lassen, komplett pürieren und einen kleinen Teil des Pürees für die Dekoration verwenden.)

2 Das Erdbeerpüree unter die Haferflocken mischen. Den Apfel waschen und entweder auf der Küchenreibe bis zum Kerngehäuse grob raspeln oder in Viertel teilen, entkernen und in feine Stifte schneiden. Apfel ebenfalls unters Müsli rühren (eventuell ein wenig davon für die Dekoration abzweigen).

3 Das Müsli nach Geschmack mit Zucker oder Honig süßen. Sollte das Müsli recht fest sein, auch noch ein wenig Milch unterrühren. Dann das Orphée-Müsli noch ca. 10 Min. durchziehen lassen.

4 Das Müsli in kleine Schüsseln verteilen. Wer mag, gibt jetzt noch ein wenig Sahne darüber – flüssig oder leicht angeschlagen. Mit Erdbeerstückchen, Nüssen und eventuell Apfelstiften dekorieren.

TIPP: Natürlich sind diesem Rezept keine Grenzen gesetzt, es lässt sich mit verschiedenen Beeren oder komplett anderen Obstvarianten immer wieder aufs Neue erfinden. Gut harmonieren etwa Himbeere/Pfirsich, Heidelbeere/Banane, Kirsche/Aprikose, Pflaume/Nektarine, Birne/Erdbeere, ...

Würde man mich nachts wecken und bitten, Scones zu backen, ich könnte es wahrscheinlich selbst mit geschlossenen Augen, so oft habe ich dieses Rezept in den unterschiedlichsten Varianten schon zubereitet. Scones sind der Inbegriff eines praktischen Frühstücksgebäcks – mit ein wenig Übung dauert es weniger als zehn Minuten vom ersten Handgriff bis zum In-den-Ofen-Schieben. Je nach Saison lassen sie sich mit Trockenfrüchten oder frischem Obst verfeinern.

Scones

simpel oder extravagant

MENGE 6 Stück | ZUBEREITUNGSZEIT ca. 15 Min. plus 13–15 Min. Backen
SAISON ganzjährig | SCHWIERIGKEITSGRAD ✽✽✽

Für den Teig: 200 g Mehl | 3 EL (Vanille-)Zucker
1 ½ TL Backpulver | ½ TL feines Meersalz
optional: 2 EL gemahlener Mohn
60 g kalte Butter | ca. 140 ml Milch

Außerdem: bis zu 50 g Trockenfrüchte (z. B. Sultaninen, Cranberrys, Kirschen) oder
30 g frische/TK-Früchte (z. B. Heidelbeeren, Himbeeren, Aprikosenstückchen)
1 Eigelb (M) | 1 EL Milch | Mehl zum Arbeiten | Butter, Konfitüre oder Clotted Cream zum Servieren

1 Ein Backblech mit Backpapier auslegen und den Backofen auf 220° (Umluft 200°) vorheizen.

2 Für den Teig entweder von Hand Mehl, Zucker, Backpulver, Salz und eventuell Mohn in einer großen Schüssel gut vermischen. Dann die Butter in kleinen Würfeln dazugeben und zügig mit den Fingern ins Mehl krümeln, bis die Butterstückchen maximal Erbsengröße haben. Oder alles in der Küchenmaschine (mit Schneideeinsatz) kurz verarbeiten, dabei die Butterstückchen mit der Pulse-Funktion vier- oder fünfmal untermixen.

3 Dann die Milch dazugeben und alles mit dem Kochlöffel gerade eben zusammenrühren, bis ein klebriger Teigkloß entstanden ist. Den Kloß auf die bemehlte Arbeitsfläche geben, großzügig mit Mehl bestäuben und ganz kurz durchkneten, dann mit den Händen zu einem ca. 2 cm dicken Kreis auseinanderdrücken. Eine Teighälfte gleichmäßig mit den (Trocken-)Früchten* belegen und die andere Hälfte darüberschlagen. Den Teig behutsam mit den Händen noch mal ein wenig flach drücken (ca. 3 cm dick).

4 Dann aus dem Teig mit einem in Mehl getauchten, runden Ausstecher (6 cm Ø) Teigkreise ausstechen und auf das Blech setzen. Dabei den Ausstecher möglichst nicht drehen, da dies ein gleichmäßiges Aufgehen erschweren würde. Teigreste schnell zusammenkneten, wenn nötig mit Mehl bestäuben und auch noch die restlichen Scones ausstechen.

5 Eigelb und Milch verrühren und die Scones damit einpinseln, dann im Ofen (Mitte) in 13–15 Min. goldbraun backen. Aus dem Ofen nehmen und am besten noch leicht warm mit Butter und Konfitüre oder ganz stilecht mit Clotted Cream genießen.

* Natürlich lassen sich die Früchte auch gleich nach der Butter unter den Teig mengen, allerdings verlieren vor allem frische Früchte beim anschließenden Zusammenkneten schnell die Form und der Teig wird durch die zusätzliche Flüssigkeit leicht matschig. Und: Wer möchte, kann die Früchte auch weglassen, die Scones schmecken ohne sie ebenfalls großartig.

Wenn ich Freunde zum Frühstücken eingeladen habe, dann kann ich bei diesen Pancakes gar nicht schnell genug für Nachschub sorgen. So als kleine Warnung ...

Pancakes
mit Bananen und Heidelbeeren

MENGE ca. 16 Stück | **ZUBEREITUNGSZEIT** ca. 45 Min., davon aktiv 30 Min.
SAISON ganzjährig | **SCHWIERIGKEITSGRAD** ✱✱✱

150 g Mehl
1 EL (Vanille-)Zucker | ½ TL Backpulver
1 Prise Salz
½ TL Natron | 175 ml Milch
50 g Quark (mit 20 % oder 40 % Fett)
1 Ei (M) | 1 kleine Banane
50 g Heidelbeeren* (frisch oder TK)

Außerdem: Butterschmalz für die Pfanne
Ahornsirup, Butter oder Zimtzucker zum Servieren

1 Das Mehl mit Zucker, Backpulver und Salz in einer Schüssel mischen. In einer zweiten Schüssel Natron in der Milch auflösen. Dann den Quark und das Ei mit einem Schneebesen unter die Milch rühren, bis alles eben gerade vermengt ist. Die Banane längs halbieren und in dünne Scheiben schneiden.

2 Den Milch-Quark-Mix in die Schüssel mit der Mehlmischung gießen und mit dem Schneebesen kurz unterrühren, bis kaum mehr Klümpchen zu sehen sind. Die Bananenscheiben dazugeben und untermengen. Den Teig ca. 15 Min. quellen lassen. Inzwischen die Heidelbeeren abbrausen und abtropfen lassen (TK-Beeren können direkt gefroren verwendet werden).

3 Eine große, beschichtete Pfanne erhitzen und 1 TL Butterschmalz darin schmelzen lassen. Den Teig nochmals kurz durchrühren.

4 Mit einer Schöpfkelle nach und nach wenig Teig mit genug Abstand in die Pfanne gießen, sodass kleine Pancakes entstehen. Jeweils einige Heidelbeeren darauf verteilen. Pancakes bei höchstens mittlerer Hitze langsam goldbraun backen. Sobald vermehrt Luftblasen an die Oberfläche steigen, kann man sie wenden und auch auf der anderen Seite fertig backen (die immer rascher bräunt!) Den restlichen Teig genauso verarbeiten.

5 Am besten schmecken Pancakes frisch aus der Pfanne. Man kann sie aber auch im 50° heißen Backofen warm halten. Mit Ahornsirup, einem Stückchen Butter oder Zimtzucker servieren.

* Wer die Möglichkeit hat, sollte unbedingt die kleineren, wilden Heidelbeeren verwenden. Die größeren Kulturheidelbeeren (sie besitzen im Gegensatz zu ihren wilden Verwandten farbloses Fruchtfleisch) können geschmacklich leider nicht mithalten.

Diese kleinen Gläschen sind ein Augenschmaus für jedes Frühstücksbüfett oder jeden Brunch und lassen sich wunderbar vorbereiten. Elegante Trinkgläser, kleine Einmachgläser oder auch wiederverwertete Joghurtgläschen – man nehme einfach, was der Geschirrschrank zu bieten hat.

Fruchtige Frühstücksbecher
mit Haferflockenkrokant

MENGE 4 Portionen | ZUBEREITUNGSZEIT 20–30 Min.
SAISON ganzjährig | SCHWIERIGKEITSGRAD ✱✲✲

Für den Krokant:
60 g Nüsse* (Pekannüsse, Mandeln oder Haselnüsse)
20 g zarte Haferflocken
1 Prise Salz
50 g Zucker

Für die Frühstücksbecher:
1 Pfirsich oder Nektarine oder kleine Mango
je 75 g Him- oder Erdbeeren und Heidel- oder Brombeeren**
500 g Sahnequark oder griechischer Naturjoghurt
2 EL Honig (wer es süßer mag, nimmt einfach mehr)
optional: Beeren oder Kirschen für die Dekoration

1 Für den Krokant die Nüsse nicht zu fein hacken (die Haut darf dabei ruhig dran bleiben) und mit den Haferflocken und dem Salz vermischen. Ein Backblech mit Backpapier auslegen.

2 Den Zucker in einer Pfanne bei mittlerer Hitze langsam ohne zu rühren schmelzen und goldbraun karamellisieren lassen. Nicht zu dunkel werden lassen, sonst schmeckt der Krokant bitter. Sollte der Zucker ungleichmäßig bräunen, die Pfanne sanft schwenken (Vorsicht, der Zucker ist sehr heiß!). Nussmischung dazugeben und mit einem Kochlöffel so gut wie möglich unter den Karamell rühren. Vom Herd nehmen und die Krokantmasse möglichst großflächig auf dem Blech verteilen, vollständig auskühlen lassen. Dann mit einem großen Messer in nicht zu große Krokantstückchen hacken.

3 Für die Becher den Pfirsich, die Nektarine oder die Mango schälen, Fruchtfleisch vom Kern schneiden und mit einem Stabmixer pürieren. Beerensorten waschen und getrennt pürieren (wer sie lieber stückig möchte, schenkt sich diesen Schritt).

4 Quark oder Joghurt mit Honig süßen und abwechselnd mit den Fruchtpürees und dem Krokant in Gläser schichten. (Am leichtesten lässt sich die Creme ohne Kleckern mit einem Spritzbeutel dosieren.) Wer mag, dekoriert die Gläschen noch mit Beeren oder Kirschen.

* Statt ganze Nüsse zu hacken, kann man auch zerkleinerte Nussreste nehmen (z. B. Mandelblättchen oder gehackte Haselnüsse).
** Diese Gläschen lassen sich leicht an saisonales Obst anpassen. Im Winter sind TK-Beeren ein willkommener Farbtupfer.

Wenn ich Gästen ein »Aaaahhhh!« und »Oooohhh!« entlocken möchte, dann muss es dieses Rezept sein. Meine Variante des landläufig als Pfitzauf oder in den USA als Dutch Baby und Hootenanny bekannten Auflaufs ist der Inbegriff eines perfekten Frühstückrezepts: Mit wenigen Handgriffen Vorbereitung in den Ofen geschoben, entfaltet er erst im letzten Drittel der Backzeit sein beachtliches Potenzial. Dann, auf dem Teller, führt schon der erste Bissen zur Verzückung! Geschmackliche Ähnlichkeiten mit Kaiserschmarrn sind natürlich rein zufällig, aber nicht minder willkommen.

Luftikus
mit karamellisierten Früchten

MENGE 4 Portionen | **ZUBEREITUNGSZEIT** ca. 15 Min. plus 32–35 Min. Backen
SAISON Sommer | **SCHWIERIGKEITSGRAD** ✷✷✸

2–3 Aprikosen | 1 Handvoll Sauerkirschen
2 EL Vanillezucker | 25 g Butter | 4 Eier (M) | 175 ml Milch
1 Prise Salz | 100 g Mehl

Außerdem: Butter für die Form | optional: Puderzucker zum Bestäuben
Ahornsirup zum Servieren

1 Den Backofen auf 200° (Umluft 180°) vorheizen. Eine Auflaufform (ca. 16 x 24 cm) gut einbuttern. Die Aprikosen waschen, entkernen und in dünne Spalten schneiden. Die Kirschen waschen und entsteinen. Die Früchte in der Form verteilen und mit 1 EL Vanillezucker bestreuen. Im Ofen (Mitte) ca. 10 Min. backen und die Früchte karamellisieren lassen.

2 Inzwischen die Butter schmelzen und für später zur Seite stellen. Eier, Milch, übrigen Vanillezucker, Salz und Mehl in eine Schüssel geben und mit einem Schneebesen oder mit den Quirlen des Handrührgeräts nur kurz durchmixen, die Zutaten sollen gerade eben vermengt sein.

3 Die Auflaufform nach den 10 Min. aus dem Ofen nehmen (Vorsicht, heiß!) und den Teig sofort über die Früchte gießen. Die Butter gleichmäßig darüber verteilen, aber nicht unter den Teig rühren. Die Form gleich wieder zurück in den Ofen schieben und den Auflauf in 22–25 Min. goldbraun backen – ein paar dunklere Flecken schaden gar nicht und passen sehr gut zur rustikalen Optik des Luftikus. Der Teig geht vor allem in den letzten Minuten astronomisch in die Höhe, darum die Backofentür hier unbedingt geschlossen halten, sonst fällt er leicht zusammen.

4 Den Luftikus aus dem Ofen nehmen und direkt servieren, denn leider hält diese Pracht nur sehr kurze Zeit. Wer mag, bestäubt ihn noch mit Puderzucker und träufelt Ahornsirup darüber.

TIPP: Für diesen soufflé-ähnlichen Auflauf eignen sich alle festeren Obstsorten (z. B. Pfirsiche, Äpfel, Pflaumen). Zu viele Früchte dürfen es aber nicht sein, sonst geht der Luftikus nicht so schön auf. Für seine volle Pracht pur backen und Kompott dazu reichen.

Gut gemachter Porridge ist ein wahres Wundermittel, er wärmt nach einem frostigen Winterspaziergang und wirkt als Seelentröster beinahe so gut wie Schokolade. Wenn man den Porridge nun noch mit karamellisierten Apfelstückchen, Gewürzen und einem Schuss Sahne verfeinert, dann treffen zwei Lieblingsaromen meiner Kindheit aufeinander: Apfelkuchen und Haferbrei.

Apfelkuchen-Porridge

MENGE 4 kleine oder 2 große Portionen | **ZUBEREITUNGSZEIT** ca. 20 Min.
SAISON Herbst und Winter | **SCHWIERIGKEITSGRAD** ✳︎✳︎✳︎

1 rotschaliger Apfel
1 EL Butter
2 EL dunkelbrauner Rohrohrzucker (z. B. Muscovado)
½ TL gemahlener Zimt
⅛ TL frisch geriebene Muskatnuss
100 g kernige Haferflocken
ca. 400 ml Milch
1 Prise Salz

Außerdem:
Sahne, Ahornsirup und Zimtzucker zum Servieren

1 Den Apfel waschen, vierteln, entkernen und in kleine Würfel scheiden. Butter in einem kleinen Topf schmelzen. Die Apfelwürfel, den Zucker, den Zimt und den Muskat dazugeben und ca. 5 Min. bei mittlerer Hitze dünsten.

2 Dann die Haferflocken mit in den Topf geben und unter den Apfel mengen. Mit der Hälfte der Milch aufgießen und gleichmäßig unterrühren. Alles bei geringer Hitze leicht köcheln lassen. Dabei immer wieder umrühren, damit nichts am Boden ansetzt, und nach und nach mehr Milch dazugießen, sobald nötig. Nach ca. 5 Min. den Topf vom Herd ziehen.

3 Der Porridge sollte jetzt noch ein wenig zu flüssig sein, dann hat er nach weiteren 5 Min. Quellzeit genau die richtige Konsistenz (sonst nach persönlicher Vorliebe anpassen).

4 Den Porridge ein letztes Mal umrühren, in kleine Schälchen verteilen und jeweils 1 Schuss flüssige, kalte Sahne, Ahornsirup und etwas Zimtzucker darübergeben.

TIPP: Auch wenn Porridge ein typisches Frühstück für die kühle Jahreszeit ist, lässt er sich natürlich auch an die Sommermonate anpassen. Sehr gut schmeckt er etwa mit dunklen Pflaumen oder geschältem Pfirsich anstelle des Apfels.

An einem Tag, der mit frisch gebackenen Waffeln beginnt, an dem kann eigentlich nichts schief gehen. Der Clou an diesem Rezept sind die kleinen, gehackten Schokoladenstückchen (am besten von der Lieblingsschokolade!), die beim Backen schmelzen und – isst man die Waffeln, solange sie noch warm sind – auf der Zunge zergehen.

Schokowaffeln

MENGE 6–8 Stück | **ZUBEREITUNGSZEIT** ca. 20 Min. plus Backen
SAISON ganzjährig | **SCHWIERIGKEITSGRAD** ✱✱✱

40 g Butter | 2 Eier (M) | ¼ l Milch
2 EL Zucker | 1 Prise Salz
125 g Mehl | 3 EL schwach entöltes Kakaopulver
2 EL Speisestärke | 1 TL Backpulver
50 g Zartbitterschokolade (50–60 % Kakaoanteil)

Außerdem:
Puderzucker zum Bestäuben
frische Früchte oder Fruchtkompott zum Servieren
Waffeleisen | Butter für das Eisen

1 Butter in einem kleinen Topf schmelzen und kurz zum Abkühlen zur Seite stellen. Eier in eine Schüssel aufschlagen. Milch, Zucker und Salz dazugeben und mit einem Schneebesen rasch unterquirlen, dann die Butter untermischen. Mehl, Kakao, Stärke und Backpulver darübersieben und alles zu einem glatten Teig rühren, bis keine Klümpchen mehr zu sehen sind.*

2 Die Schokolade relativ fein hacken und unter den Teig rühren. Teig zur Seite stellen und 10 Min. quellen lassen. Inzwischen das Waffeleisen gemäß Bedienungsanleitung vorheizen. Ist die richtige Betriebstemperatur erreicht, eine Butterflocke auf das Eisen geben und mit einem Pinsel verstreichen (die heutigen Waffeleisen sind zwar alle mit einer Antihaftbeschichtung versehen, die das Einfetten überflüssig macht, aber die Butter verhilft den Waffeln zu einer besseren Kruste).

3 Etwas Teig mit einer kleinen Schöpfkelle auf das Waffeleisen geben, das Eisen schließen und den Teig je nach Gerät und Temperatur 3–5 Min. backen. Ist man sich nicht sicher, ob die Waffel durchgebacken ist (bei Schokowaffeln ist das leider nicht so einfach dem Bräunungsgrad nach zu beurteilen), die Waffel einfach entnehmen und anschneiden. Aus dem übrigen Teig weitere Waffeln backen.

4 Die Schokowaffeln heiß oder kalt genießen, vorher mit Puderzucker bestäuben. Sehr gut passen frische Früchte oder Fruchtkompott dazu.

* Damit die Waffeln nicht zäh werden, gilt beim Rühren: weniger ist mehr. Der Teig ist also wirklich rasch und auch ohne ein elektrisches Handrührgerät kinderleicht zusammengerührt.

Den Frühstücksklassiker »French Toast« in einem Restaurant zu bestellen, ist recht häufig ein Glücksspiel. Allzu oft wird er den Erwartungen nicht gerecht, man bekommt labbrige Weißbrotscheiben serviert, die langweiliger nicht schmecken könnten. Dabei ist der Klassiker so leicht zu meistern: Mit ein paar Gewürzen und einem kleinen Schuss Rum ist er unvergleichlich (ein bisschen wie Eierpunsch). Außerdem dürfen die Baguettescheiben bei mir nur kurz durch die Eiermilch gezogen werden – so behalten sie mehr Biss.

French Toast
für Erwachsene

MENGE 10–12 Stück | **ZUBEREITUNGSZEIT** 20–30 Min.
SAISON ganzjährig | **SCHWIERIGKEITSGRAD** ✻✻✻

3 Eier (M) | 150 ml Milch
1–2 EL brauner Rum
1 EL Ahornsirup | ¼ TL gemahlener Zimt
⅛ TL frisch geriebene Muskatnuss | 1 Prise Salz
8–10 dicke Scheiben altbackenes Baguette

Außerdem:
Butterschmalz für die Pfanne | Puderzucker zum Bestäuben
Ahornsirup und optional krosse Speckscheiben zum Servieren

1 In einer Schüssel zuerst die Eier mit einer Gabel verschlagen. Dann Milch, Rum, Sirup, die Gewürze und das Salz dazugeben und unterrühren.

2 Eine große beschichtete Pfanne erhitzen und darin 1 Stück Butterschmalz zerlassen. Nun die Baguettescheiben nacheinander mit beiden Seiten in die Eiermilch tauchen und das Brot dabei sanft drücken, damit es sich ein wenig vollsaugt. Abtropfen lassen, in die Pfanne legen und bei geringer bis mittlerer Hitze langsam goldbraun backen (ist die Temperatur zu hoch, bräunen die Schnittflächen zu schnell, während die Scheiben im Inneren noch nicht durchgebacken sind). Wenden, auf der anderen Seite ebenfalls goldbraun backen. Restliche Brotscheiben ebenso backen.

3 French Toast schmeckt am besten frisch aus der Pfanne. Sonst kann man die Brotscheiben auch einige Minuten im 50° heißen Ofen warm halten (dort verlieren sie allerdings schnell ihre leichte Kruste). Die Toasts am besten mit Puderzucker bestäubt und mit Ahornsirup beträufelt servieren. In den USA dürfen es auch mal ein paar krosse Scheiben Speck dazu sein.

TIPP: Natürlich lässt sich dieses Rezept auch kinderfreundlich ohne Alkohol zubereiten. Hat man allerdings erst einmal die Variante mit Rum probiert, fehlt dann einfach dieses gewisse Etwas. Ich werfe auch gerne noch ein paar (gehackte) Pekannüsse mit in die Pfanne, während ich die getränkten Baguettescheiben (Briochescheiben eignen sich übrigens ebenfalls) anbrate.

»Frangipane« nennt man eine Konditorencreme aus gemahlenen Mandeln, Zucker, Butter und Ei. Damit lassen sich nicht nur Früchtetartes, sondern auch altbackene Croissants füllen – die, mit Sirup getränkt und erneut aufgebacken, besser schmecken als die Originalhörnchen. Ersetzt man die Mandeln durch Pistazien und ein wenig Kokos, wird's grün und noch eine Spur feiner.

Croissants
mit Pistazien-Frangipane

MENGE 4 Stück | ZUBEREITUNGSZEIT ca. 15 Min. plus 12–14 Min. Backen
SAISON ganzjährig | SCHWIERIGKEITSGRAD ✷✷✷

Für den Sirup:
50 ml Wasser | 1 EL Zucker
1 EL brauner Rum

Für die Creme:
50 g Zucker | 50 g Pistazienkerne
1–2 EL Kokosraspel
1 Prise Salz
40 g kalte Butter | 1 Ei (M)

Außerdem:
4 altbackene Croissants (vom Vortag)
2 EL Kokosraspel oder 25 g Mandelblättchen
Puderzucker zum Bestäuben

1 Ein Backblech mit Backpapier auslegen. Den Backofen auf 180° (Umluft 160°) vorheizen. Für den Sirup das Wasser mit Zucker und Rum in einem kleinen Topf kurz aufkochen, bis sich der Zucker aufgelöst hat. Den Topf vom Herd nehmen.

2 Die Croissants möglichst gleichmäßig horizontal halbieren und paarweise mit den Innenseiten nach unten auf das Blech legen. Alle Außenseiten behutsam mit dem Sirup einpinseln, bis dieser aufgebraucht ist.

3 Für die Creme Zucker, Pistazien, Kokosraspel und Salz in eine Küchenmaschine mit Schneideeinsatz oder in einen Blender geben und fein mahlen. Dann Butter in Flöckchen schneiden und untermixen. Zuletzt das Ei untermixen, bis eine samtige Creme entstanden ist.

4 Croissants wenden (Innenseiten nach oben) und von jedem Paar jeweils die Schnittfläche der unteren Hälfte großzügig mit der Frangipane-Creme bestreichen (dabei mindestens 2 TL zurückbehalten). Dann mit der zugehörigen oberen Hälfte abdecken und wieder zu einem Croissant zusammensetzen. Nun die Oberseiten mit wenig zurückbehaltener Frangipane einpinseln. Die Croissants mit Kokosraspeln oder Mandelblättchen bestreuen, behutsam andrücken.

5 Das Blech in den Ofen (Mitte) schieben und die Croissants in 12–14 Min. goldbraun backen. Aus dem Ofen nehmen, leicht abkühlen lassen und mit Puderzucker bestäuben.

1-2-3-Brotaufstriche

Zum Standard-Frühstücksrepertoire gehört natürlich auch ein auf die Schnelle bestrichenes Brot oder Brötchen. Umso besser, wenn man beim Aufstrich auch mal für Abwechslung sorgen kann.

Erdbeerbutter

MENGE ca. 150 g | **ZUBEREITUNGSZEIT** ca. 5 Min.
100 g Erdbeeren (geputzt sollten es 50–75 g sein) | 75 g zimmerwarme Butter
2 TL Vanillezucker oder Honig

Erdbeeren waschen, putzen, mit dem Stabmixer pürieren. Butter mit den Quirlen des Handrührgeräts cremig aufschlagen. Püree löffelweise unterrühren, mit Zucker oder Honig süßen. Butter in gründlich gesäuberte Gläschen oder Schälchen füllen. Wunderbar zu Croissants und Scones. Hält sich im Kühlschrank mehrere Tage.

Pfirsich Melba zum Frühstück

MENGE ca. 600 ml | **ZUBEREITUNGSZEIT** ca. 20 Min. (ohne Auftauzeit)
150 g Himbeeren (frisch oder TK) | 3–4 Pfirsiche (geputzt sollten es 300 g sein)
400 g Gelierzucker 1:1 | 1 EL frisch gepresster Zitronensaft
Mark von ½ Vanilleschote

Frische Himbeeren vorsichtig abbrausen, tiefgekühlte Himbeeren auftauen lassen. Himbeeren durch ein Sieb passieren, es sollten ca. 100 g Püree herauskommen. Pfirsiche schälen, Fruchtfleisch von den Kernen schneiden (ist oft leichter, als den Pfirsich zu halbieren). Beides mit Gelierzucker, Zitronensaft und Vanillemark in einem großen Topf zum Kochen bringen und ca. 5 Min. unter Rühren sprudelnd kochen lassen. Gelierprobe durchführen: einen kleinen Klecks Konfitüre auf einen kalten Teller geben. Wird er binnen Sekunden fest, ist die Konfitüre fertig. Sonst noch kurz weiterkochen lassen. Wer möchte, mixt die Konfitüre jetzt noch mit dem Stabmixer durch. Dann in heiß ausgekochte (sterilisierte) Twist-off-Gläser abfüllen. Dunkel und kühl gelagert bis zu 1 Jahr haltbar.

Stracciatella aufs Brot

MENGE ca. 100 g | **ZUBEREITUNGSZEIT** ca. 5 Min.
50 g Lieblingsschokolade | 50 g zimmerwarme Butter

Die Schokolade mit einem großen Messer sehr fein hacken. Butter mit den Quirlen des Handrührgeräts cremig aufschlagen, dann die Schokolade unterrühren. Stracciatella in gründlich gesäuberte Gläschen oder Schälchen füllen. Himmlisch auf heißem Toast, wenn Butter und Schokolade anfangen zu schmelzen … Schmeckt nicht nur Kindern! Hält sich im Kühlschrank mehrere Tage.

S

SNACKS
Gutes für
zwischendurch

Allein der Duft, der hier meinem Ofen beim Backen entströmt – unwiderstehlich! Granola wird bei uns immer auf Vorrat zubereitet und griffbereit in einem hübschen Glasbehälter aufbewahrt, denn der kleine Hunger zwischendurch lässt sich wunderbar damit stillen: ein paar Löffel Granola mit kalter Milch übergießen oder über Joghurt und Quark streuen, Früchte dazuschnippeln, fertig. Die Mischung eignet sich auch als kulinarisches Mitbringsel.

BaNuSchoKo-Granola
mit Bananen, Nüssen, Schokolade und Kokos

MENGE ca. 700 g | **ZUBEREITUNGSZEIT** ca. 15 Min. plus 25–35 Min. Backen (ohne Auskühlen)
SAISON ganzjährig | **SCHWIERIGKEITSGRAD** ✸✷✷

75 g Mandeln (mit oder ohne Haut)
50 g Pekan- oder Walnüsse
250 g zarte Haferflocken
50 g Kokosraspel | ¼ TL feines Meersalz
1 sehr reife, große Banane
75 ml Ahornsirup
1 EL dunkelbrauner Rohrohrzucker (z. B. Muscovado)
75 g Zartbitterschokolade (50–60 % Kakaoanteil)

1 Den Backofen auf 160° (Umluft 140°) vorheizen. Ein tiefes Backblech mit Backpapier auslegen, dabei dürfen die Ränder gut ein wenig überstehen.

2 Mandeln und Nüsse grob hacken, mit Haferflocken, Kokosraspeln und Salz in einer Schüssel vermischen. Banane grob würfeln und mit Sirup und Zucker in ein hohes Gefäß geben, mit dem Stabmixer sämig pürieren. Bananensirup in die Schüssel geben und alles gut (!) verrühren, die trockenen Zutaten sollen von dem Sirup überzogen sein. Wer besonders kleine Müsli-Knusperstücke mag: alles noch mit den Händen durchkneten.

3 Die Mischung gleichmäßig auf dem Blech verteilen und im Ofen (Mitte) 25–35 Min. backen, dabei mit dem Pfannenwender alle 10–15 Min. gut durchmischen, so gewährleistet man ein gleichmäßiges Bräunen.

4 Schokolade nicht zu fein hacken (erbsengroß). Goldbraunes Granola aus dem Ofen nehmen, mithilfe des Backpapiers (alle vier Ecken zur Mitte hin zusammenfassen) zum Abkühlen auf die Arbeitsfläche legen.

5 **Variante 1:** Das Granola sofort mit der Schokolade bestreuen und nach 5 Min. noch mal durchmischen, die Restwärme lässt die Schokostückchen schmelzen. Nun das Backpapier von allen Seiten über das Granola nach innen falten, Päckchen in eine Schüssel geben und für ca. 2 Std. in den Kühlschrank stellen: Die geschmolzene Schokolade wird fest, es bilden sich besonders schokoladige Müslistückchen. **Variante 2:** Granola vollständig auskühlen lassen, Schokostückchen darüber verteilen. Die Schokolade schmilzt nicht und man beißt beim Essen auf knackige Stückchen. So oder so: das fertige Granola in einem luftdichten Behälter aufbewahren.

Mindestens einmal in der Woche wird in meiner Küche ein simpler Rührteigkuchen gebacken, weil so schön praktisch auch gerne in einem Muffinblech. Die kleinen Küchlein halten sich unproblematisch mehrere Tage und warten in der Brotbox auf ihren Einsatz beziehungsweise hungrige Mäuler.

Haselnussmuffins
mit Koffein-Kick

MENGE 12 Stück | **ZUBEREITUNGSZEIT** ca. 20 Min. plus 35–40 Min. Backen und Rösten
SAISON ganzjährig | **SCHWIERIGKEITSGRAD** *✶✶

150 g Haselnüsse
150 g zimmerwarme Butter
150 g hellbrauner Rohrohrzucker (z. B. Muscovado)
2 EL Vanillezucker | 3 Eier (M)
1 Prise Salz | 200 g Mehl
2 TL Backpulver | 100 ml starker, kalter Kaffee
optional: 1 EL brauner Rum (auch fein: Likör wie Frangelico oder Kahlúa)

Außerdem:
12er-Muffinblech und 12 Papier-Muffinförmchen

1 Den Backofen auf 180° (Umluft 160°) vorheizen. Haselnüsse auf dem Backblech verteilen und im Ofen (Mitte) ca. 10 Min. rösten, sie beginnen dann wunderbar zu duften und ihre Haut platzt auf. Aus dem Ofen nehmen (Ofen nicht ausschalten!), abkühlen lassen. Ein paar Nüsse (ca. 25 g) grob hacken und zur Seite stellen. Die restlichen Haselnüsse samt Haut in der Küchenmaschine fein mahlen.*

2 Butter, Rohr- und Vanillezucker mit den Quirlen des Handrührgeräts oder der Küchenmaschine in 4–5 Min. hellcremig rühren. Die Eier einzeln unterrühren, bis sie sich jeweils gut mit der Buttercreme verbunden haben. Dann Haselnüsse, Salz, Mehl und Backpulver darübergeben und langsam unterrühren, dabei Kaffee und eventuell den Rum langsam einlaufen lassen.**

3 Muffinblech mit den Papierförmchen bestücken und jede Mulde bis maximal einen Fingerbreit unter den Rand mit Teig füllen, die gehackten Nüsse darüber verteilen. Muffins im Ofen (Mitte) 25–30 Min. backen, bis sie goldbraun und gerade durchgebacken sind. Aus dem Ofen nehmen und 10 Min. abkühlen lassen, dann aus der Form nehmen und auf einem Kuchengitter vollständig auskühlen lassen.

* Natürlich lassen sich auch bereits fertig gemahlene Haselnüsse verwenden – das Rösten der ganzen Nüsse und das anschließende Zerkleinern schenkt den Muffins aber ein wesentlich intensiveres Aroma. Der Aufwand lohnt sich in jedem Fall.
** Wer noch eine halbe Tafel (ca. 50 g) seiner Lieblingsschokolade übrig hat, der kann sie fein hacken und mit den Nüssen ebenfalls unter den Teig rühren.

Cookies gehören zu den besten Snacks überhaupt: Sie lassen sich überall hin mitnehmen, sind praktisches Fingerfood – und es gibt kaum jemanden, der sie nicht mag.

Cranberrycookies
mit Fleur de Sel

MENGE ca. 30 Stück | **ZUBEREITUNGSZEIT** ca. 20 Min. plus 15–16 Min. Backen pro Blech
SAISON ganzjährig | **SCHWIERIGKEITSGRAD** ✶✶✶

100 g getrocknete Cranberrys*
50 g Walnüsse*
100 g zimmerwarme Butter
100 g hellbrauner Rohrohrzucker (z. B. Muscovado)
75 g weißer Zucker
1 Ei (M)
¼ TL feines Meersalz
175 g Mehl (Type 405 oder 550)
75 g kernige Haferflocken
¾ TL Natron
etwas Fleur de Sel (auch fein: Maldon Salzflocken)

1 Backofen auf 175° (Umluft 155°) vorheizen, zwei Backbleche mit Backpapier auslegen. Die Cranberrys und die Walnüsse nicht zu fein hacken.

2 Butter und beide Zuckersorten mit den Quirlen des Handrührgeräts oder mit dem Flachrührer der Küchenmaschine in mind. 3 Min. hell und cremig schlagen, bis sich der Zucker fast aufgelöst hat. Das Ei und Meersalz dazugeben und ebenfalls gut unterrühren. Mehl, Haferflocken und Natron untermischen und zuletzt noch die Cranberrys und Walnüsse einarbeiten.

3 Mit einem Esslöffel walnussgroße Teighäufchen mit ausreichend Abstand auf die Bleche setzen, da der Teig noch auseinandergeht.** Mit wenig Fleur de Sel bestreuen. Nacheinander im Ofen (Mitte) 15–16 Min. backen, bis die äußeren Ränder zu bräunen beginnen.

4 Die Cookies aus dem Ofen nehmen – sie sind zu diesem Zeitpunkt noch nicht ganz fest, wenn man sie mit dem Finger vorsichtig antippt. Die Kekse darum noch kurz auf dem Blech abkühlen lassen (sie zerbrechen sonst leicht), bevor man sie zum vollständigen Auskühlen mit einem Pfannenwender auf ein Kuchengitter setzt. Die Plätzchen am besten in einer luftdicht verschlossenen Dose aufbewahren – so behalten sie die typische Cookie-Konsistenz am längsten.

* Bei Nüssen und Trockenfrüchten kann man ganz nach Lust und Laune experimentieren: Die Cookies unbedingt auch mal mit getrockneten Feigen oder Sauerkirschen ausprobieren.
** Möchte man gerne gleich große Cookies: Der Teig lässt sich besonders leicht mit einem kleinen Eiskugelformer (ca. 4 cm Ø) in einheitlicher Größe portionieren.

Wenn schon Naschereien zwischendurch, dann am liebsten selbst gemacht! Hier trifft Süßes auf Salziges, Marshmallows und Erdnussbutter verbinden die Rice Krispies zu einem knusprigen Snack, der gekaufte Schokoriegel blass aussehen lässt.

Erdnussknusperecken

MENGE 10–12 Stück | **ZUBEREITUNGSZEIT** ca. 15 Min. plus 30 Min. Kühlen
SAISON ganzjährig | **SCHWIERIGKEITSGRAD** ✲✲✲

25 g gesalzene, geröstete Erdnüsse
1 TL Butter
30 g Erdnussbutter
100 g kleine Marshmallows*
100 g gepuffter Reis (z. B. Rice Krispies)
optional: 50 g Zartbitterschokolade (50–60 % Kakaoanteil)

Außerdem:
Brownieform (20 x 20 cm) oder Kastenform (28 cm Länge)

1 Die Brownie- oder Kastenform mit Backpapier auslegen.** Die Erdnüsse mit einem großen Messer nur ganz grob hacken.

2 Die Butter und Erdnussbutter in einem großen Topf bei mittlerer Hitze schmelzen. Die Marshmallows dazugeben und ebenfalls schmelzen – je kleiner sie sind, umso leichter und gleichmäßiger geht das. Dabei mit einem Kochlöffel so lange rühren, bis sich die Marshmallows vollständig aufgelöst haben. Gepufften Reis und die Erdnüsse dazugeben und gut unter die Butter-Marshmallow-Masse rühren.

3 Die Mischung in die vorbereitete Form füllen und am besten mit den Händen schön flach drücken – wem die Mischung noch zu heiß ist, der nimmt lieber einen Löffelrücken.

4 Wer mag, versieht die Knuspermasse noch mit einem Schokoguss: Dazu die Schokolade fein hacken und in einer kleinen Schüssel unter Rühren über einem heißen Wasserbad schmelzen. Über die Knuspermasse gießen, mit dem Backpinsel gleichmäßig verstreichen.

5 In jedem Fall die Knuspermasse in ca. 30 Min. im Kühlschrank fest werden lassen. Dann am besten mit einem leicht geölten Brotmesser in Riegelform oder in Quadrate schneiden. Luftdicht verschlossen an einem kühlen Ort aufbewaren.

* Wer nur große Marshmallows im Laden findet oder schon im Vorratsschrank hat, schneidet sie einfach mit der Küchenschere in kleine Stückchen, bevor sie in den Topf kommen.
** Prinzipiell lassen sich die Knusperecken in fast jeder Back- oder Auflaufform zubereiten, ihre Höhe variiert dann einfach. In einer der angegebenen Formen werden sie 2–3 cm dick.

Smoothies & Shakes

Hunger macht sich bemerkbar, obwohl es gerade mal elf Uhr ist? Natürlich ist ein gekaufter Schokoriegel schnell bei der Hand, aber auch ein Shake oder Smoothie mit frischen Früchten bekommt das Hungergefühl recht rasch in den Griff, gesünder sind sie allemal. Üblicherweise braucht es dafür kein Rezept: Reifes Obst, (Kokos-)Milch und Eiswürfel in den Mixer, fertig! Aber manche Kombi schmeckt einfach so gut, dass ich sie wieder und wieder zubereite – sie sind zu Klassikern in unserer Küche geworden. Die Mengen sind dabei beliebig erweiterbar.

Sommerfrischling

MENGE 1 großes Glas (ca. 250 ml) | **ZUBEREITUNGSZEIT** 5–10 Min.
250 g Melonenfruchtfleisch (ohne Kerne; z. B. Charentais-, Galia- und/oder Wassermelone)
10–12 Minzeblättchen | ca. 75 ml frisch gepresster Orangensaft | 2 Eiswürfel

Melone, Minze und Orangensaft in einen hohen Rührbecher geben und mit dem Stabmixer pürieren. Oder alles in einem Blender glatt mixen. Die Eiswürfel entweder gleich mitpürieren oder den Smoothie auf Eis servieren.

Bananencookie im Glas

MENGE 1 großes Glas (ca. 250 ml) | **ZUBEREITUNGSZEIT** ca. 5 Min.
2 Oreo-Kekse »Classic« | ¼ l Milch | ½ Banane | 2 Eiswürfel

Kekse halbieren, Füllung abkratzen (und naschen). Kekse in einen hohen Rührbecher krümeln, Banane grob schneiden und mit der Milch dazugeben, mit dem Stabmixer pürieren. Oder alles in einem Blender glatt mixen. Auf Eis servieren.

Happy-Day-Drink

MENGE 1 großes Glas (ca. 250 ml) | **ZUBEREITUNGSZEIT** 5–10 Min.
50 g Himbeeren | ¼ l frisch gepresster Orangensaft | 2–3 EL Quark
Zucker nach Geschmack (wenn überhaupt) | 2 Eiswürfel

Himbeeren abbrausen, trocken tupfen, mit einer Gabel zerdrücken und durch ein Sieb passieren. Das Püree mit Orangensaft und Quark in einen hohen Rührbecher geben und mit dem Stabmixer pürieren. Oder alles in einem Blender glatt mixen. Falls nötig, mit wenig Zucker abschmecken. Auf Eis servieren.

Man nehme Lärabars (populäre Energieriegel in den USA) und kreuze sie mit Dattelkonfekt aus dem Mittleren Osten – voilà, Powerkugeln für zwischendurch! Diese kleinen Happen sind echte Nervennahrung, im Kühlschrank 2 Wochen haltbar und in Nullkommanichts herzustellen.

Powerkugeln orientalisch

MENGE ca. 15 Stück | **ZUBEREITUNGSZEIT** ca. 15 Min.
SAISON ganzjährig | **SCHWIERIGKEITSGRAD** ✶✶✶

25 g Mandeln
25 g Walnüsse
100 g entsteinte Datteln (besonders gut: Medjool)
¼ TL gemahlener Zimt
1 Prise Salz

Außerdem:
optional Sesamsamen oder gehackte Nüsse zum Wälzen

1   Die Mandeln und Walnüsse in der Küchenmaschine mit Schneideeinsatz fein hacken, aber nicht zu Mehl mahlen.* In eine Schüssel geben. Die Datteln ebenfalls in der Küchenmaschine fein hacken und zu den Nüssen geben (natürlich lassen sich Nüsse und Datteln auch von Hand fein hacken – es erfordert nur mehr Zeit).

2   Die Nuss-Dattel-Mischung mit dem Zimt bestäuben und das Salz dazugeben. Dann alles von Hand zu einer homogenen Masse verkneten. Nach und nach mit einem Teelöffel kleine Portionen abstechen und zwischen den Handflächen kugelrund rollen.

3   Wer mag, rollt die Powerkugeln nun noch im Sesam oder in den gehackten Nüssen. In einem luftdicht verschlossenen Behälter im Kühlschrank aufbewaren.

* Wer ein paar Minuten extra investieren mag, kann die Mandeln und Walnüsse vor dem Hacken in der Pfanne noch ein wenig anrösten, bis sie zu duften beginnen. Sie bekommen so ein viel intensiveres Aroma. Wichtig: Vor dem Weiterverarbeiten die Nüsse unbedingt abkühlen lassen.

TIPP: Lieber etwas weniger süß? Dann die Hälfte der Datteln durch getrocknete Cranberrys, Sauerkirschen oder Aprikosen ersetzen. Unbedingt auch einmal mit verschiedenen Aromen (z. B. Kardamom, Ingwer, Vanille oder Zitruszesten statt Zimt) und dem Finish (z. B. Kokosraspel oder gehackte Pistazien statt Sesam oder Nüsse) experimentieren.

Studenten haben mitunter wahrlich seltsame Essgewohnheiten, und ich war da keine Ausnahme. Quarkreis aus dem Kühlregal, Geschmacksrichtung »Zimtpflaume«, mit ein wenig zerkrümeltem Zwieback darüber – davon konnte ich ein Semester lang gar nicht genug bekommen. Mittlerweile bereite ich solche kleinen Snacks selbst zu, den Vergleich mit dem Original von früher brauchen sie sicher nicht zu scheuen.

Quarkreis-Töpfchen
mit Pflaumen

MENGE 6–8 Portionen | **ZUBEREITUNGSZEIT** ca. 10 Min. plus 20–25 Min. Kochen
SAISON ganzjährig | **SCHWIERIGKEITSGRAD** ✶✶✶

900 ml Milch (eventuell etwas mehr)
3–4 EL Vanillezucker
1 Prise Salz
optional: ½ Zimtstange
150 g Milchreis | 250 g Sahnequark
300 g Pflaumenmus oder selbst gemachtes Kompott (siehe Tipp unten)

Außerdem:
6–8 Gläschen (je 200–250 ml)*

1 Milch zusammen mit Vanillezucker, Salz und eventuell Zimtstange zum Kochen bringen, dann den Milchreis einrieseln lassen. Reis bei geringer bis mittlerer Hitze in 20–25 Min. bei geschlossenem Deckel weich köcheln lassen, dabei immer wieder mal umrühren, da der Reis sehr leicht am Boden ansetzt.

2 Sobald der Reis weich gekocht ist (ab 20 Min. Garzeit sollte man probieren), den Topf vom Herd nehmen. Der Milchreis soll nun noch recht flüssig sein, da er beim Abkühlen nachquillt und sonst ziemlich fest wird – im Zweifel lieber etwas Milch dazugeben. Zimtstange gegebenenfalls entfernen. Reis etwas abkühlen lassen, dann den Quark unterrühren.

3 Jeweils etwas Pflaumenmus oder Kompott in die gründlich gesäuberten Gläschen geben und den Milchreis darüber verteilen. Mit Folie abdecken, mit Küchengarn fixieren und im Kühlschrank aufbewahren. So sind die Quarkreis-Töpfchen mehrere Tage haltbar.

* Für die Töpfchen kann man bestens ausgediente Joghurtgläschen oder Twist-off-Gläser verwenden. Rechtzeitig sammeln!

TIPP: Für selbst gemachtes Pflaumen- oder Zwetschgenkompott 2 EL Zucker in einem Topf goldbraun karamellisieren lassen, mit 50 ml Wasser oder Pflaumensaft ablöschen. 250 g entsteinte und in Spalten geschnittene Pflaumen oder Zwetschgen untermischen und in 5–10 Min. weich dünsten. Wer mag, gibt außerdem noch Gewürze wie Zimt, Kardamom oder Vanille dazu.

Für Ingwer-Fans sind diese würzigen, leicht scharfen Kekse eine Offenbarung. Für alle anderen (dazu zähle ich mich) sind sie immer noch verdammt gut. Das Wälzen in Zucker sorgt für eine leichte Kruste, innen bleiben sie herrlich weich und zäh – leider hat die deutsche Sprache kein gutes Äquivalent zum englischen Wort »chewy«, welches diesen Zustand perfekt beschreibt. Vorausgesetzt man bäckt sie nicht zu lange!

Dreierlei-Ingwer-Kekse

MENGE ca. 30 Stück | **ZUBEREITUNGSZEIT** ca. 30 Min. plus 2 Std. Kühlen und 11–13 Min. Backen pro Blech
SAISON ganzjährig | **SCHWIERIGKEITSGRAD** ✳︎✳︎

30 g kandierter Ingwer
1 Stück frischer Ingwer (2–3 cm) | 150 g Butter
2 Nelken | ½ TL feines Meersalz
250 g Mehl (Type 405 oder 550)
1 ½ TL Natron | ½ TL gemahlener Zimt
½ TL gemahlener Ingwer | 1 Prise frisch geriebene Muskatnuss
100 g weißer Zucker
75 g dunkelbrauner Rohrohrzucker (z. B. Muscovado)
1 Ei (M) | 2 EL Zuckerrübensirup (ca. 50 g)

Außerdem:
optional 50–75 g weißer Zucker zum Wälzen

1 Kandierten Ingwer erst in dünne Scheiben, dann in Streifen schneiden und möglichst fein hacken. Frischen Ingwer schälen und fein reiben (es sollen ½–1 TL sein). Butter schmelzen und etwas abkühlen lassen. Nelken mit dem Salz in einem Mörser fein mahlen, dann mit Mehl, Natron und übrigen Gewürzen mischen.

2 Butter, beide Zuckersorten und Ei mit den Quirlen des Handrührgeräts oder dem Flachrührer der Küchenmaschine ca. 5 Min. schlagen, bis sich der Zucker aufgelöst hat und die Masse hell und cremig ist. Sirup und frischen Ingwer unterrühren. Mehlmischung dazugeben und kurz untermengen, zuletzt noch den kandierten Ingwer unter den Teig arbeiten. Frischhaltefolie auf den Teig drücken und diesen mind. 2 Std. (gerne auch über Nacht) zum Durchziehen in den Kühlschrank geben.

3 Dann Backofen auf 180° (Umluft 160°) vorheizen. Zwei Backbleche mit Backpapier auslegen. Wer mag: Zucker zum Wälzen im Schüsselchen bereitstellen.

4 Mit einem Esslöffel walnussgroße Häufchen vom Teig abstechen, zügig zwischen den Handflächen zu Kugeln rollen und diese eventuell noch in dem Zucker wälzen. Mit großem Abstand auf die Bleche setzen, sie gehen beim Backen ordentlich auseinander.

5 Die Kekse nacheinander im Ofen (Mitte) 11–13 Min. backen, bis die Ränder beginnen Farbe anzunehmen (sie fühlen sich zu diesem Zeitpunkt noch recht weich an). Aus dem Ofen holen und 1 Min. auf dem Blech belassen, dann mit einem Pfannenwender vorsichtig auf ein Kuchengitter setzen und vollständig auskühlen lassen. Die Plätzchen in einer luftdicht verschlossenen Dose aufbewahren.

TIPP: Wer nicht aus dem gesamten Teig Kekse backen mag, legt einen Teil des Teiges gut abgedeckt in den Kühlschrank und verarbeitet ihn einfach 1–2 Tage später. Übrigens: Überzeugte Ingwer-Fans können die Menge des kandierten Ingwers fast verdoppeln – dann aber nicht über die Schärfe wundern!

Natürlich schmeckt dieses Müsli auch zu jeder anderen Jahreszeit. Aber die Kombination aus typischen Herbstfrüchten, vielen Nüssen und ein wenig Ahornsirup kann es eben besonders gut mit kälteren Morgen aufnehmen.

Herbstmüsli
mit Ahornsirup und Nüssen

MENGE ca. 500 g | **ZUBEREITUNGSZEIT** ca. 15 Min. plus 30 Min. Backen
SAISON ganzjährig | **SCHWIERIGKEITSGRAD** ✶✶✶

25 g Butter
1 EL brauner Zucker
75 ml Ahornsirup
je 100 g zarte und kernige Haferflocken
50 g gepuffter Reis (z. B. Rice Krispies)
25 g Mandelblättchen
50 g Pekan- oder Walnüsse
¼ TL gemahlener Zimt
1 Prise Salz
75–100 g Trockenfrüchte (z. B. Cranberrys, Äpfel, Feigen)

1 Den Backofen auf 160° (Umluft 140°) vorheizen. Ein tiefes Backblech mit Backpapier auslegen, dabei dürfen die Ränder gut ein wenig überstehen.

2 Butter und Zucker in einem kleinen Topf schmelzen, vom Herd nehmen und den Ahornsirup einrühren. Die anderen Zutaten (bis auf die Trockenfrüchte) in einer großen Schüssel mischen. Sirupbutter darübergießen und alles mit einem Kochlöffel gründlich vermengen, bis die trockenen Zutaten gleichmäßig mit der Sirupbutter überzogen sind.

3 Müslimischung auf dem Blech verteilen und im Ofen (Mitte) in ca. 30 Min. goldbraun backen. Dabei alle 10 Min. mit einem Pfannenwender durchmischen, damit das Müsli gleichmäßig bräunt. Nicht zu dunkel werden lassen, sonst bekommt es eine bittere Note.

4 Das Müsli aus dem Ofen nehmen und mithilfe des Backpapiers (alle vier Ecken zur Mitte hin zusammenfassen) zum Auskühlen auf die Arbeitsfläche legen. Die Trockenfrüchte nicht zu fein hacken und überm kalten Müsli verteilen. In luftdicht verschlossenen Behältern hält es sich mehrere Wochen.

Sahnejoghurt hausgemacht

MENGE ca. 1 kg | **ZUBEREITUNGSZEIT** ca. 10 Min. plus 20–22 Std. Reifen und Kühlen
SAISON ganzjährig | **SCHWIERIGKEITSGRAD** ✴︎✶✶

100 g griechischer Sahne-Naturjoghurt (z. B. von Fage oder Mevgal, 10 % Fett)
125 g Sahne
825 ml H-Milch (3,5 % Fett)

Außerdem:
Joghurtbereiter (Fassungsvermögen 1 l)*

1 Am leichtesten lässt sich der Joghurt direkt im Behälter des Joghurtbereiters ansetzen, darin einfach alle Zutaten nacheinander direkt auf der Küchenwaage (mit Tara-Funktion) zuwiegen: Zuerst den Naturjoghurt in den Behälter geben und abwiegen. Dann die Sahne dazugießen, wiegen und mit dem Joghurt verrühren. Zum Schluss folgt die Milch. Gut umrühren.

2 Den Behälter in den Joghurtbereiter einsetzen und das Gerät einschalten. Je nach Gerät (die Bedienungsanleitung lesen) und der gewünschten Konsistenz den Joghurt 8–10 Std. reifen lassen. Währenddessen sollte das Gerät unbedingt erschütterungsfrei stehen und nicht bewegt werden.

3 Den fertigen Joghurt 12 Std. (am besten über Nacht) im Kühlschrank entweder gleich im selben Gefäß fest werden lassen oder vorher noch in Portionsgläschen abfüllen.** Dazu eignen sich etwa alte, gründlich gesäuberte Gläschen von gekauften Joghurts oder Konfitüren. Der Joghurt ist im Kühlschrank bis zu 2 Wochen haltbar. Sehr ökonomisch: Wer 100 g davon zurückbehält, kann damit den nächsten Joghurt ansetzen.

DER BESTE JOGHURT – JEDEN TAG ANDERS: Den Joghurt einfach nach Lust und Laune mit Beeren aller Art (frisch oder aufgetaute Tiefkühlware), Kirschen, Aprikosen, Pflaumen, Pfirsich, Apfel, Birne, Banane, Feigen, Mango, Melone, Orange, Granatapfel, Passionsfrüchten, Litschis, Trockenfrüchten, Nüssen, karamellisierten Früchten (besonders Apfel oder Banane), Rhabarberkompott, Vanillezucker oder -mark, gemahlenem Kardamom oder Zimt, Honig, Konfitüre, Fruchtsirup, Schokoraspeln, Karamell, BaNuSchoKo-Granola (Seite 33), knusprigem Zwieback- oder Keksstückchen, … servieren.

* Joghurtbereiter gibt es bereits für unter 20 € im Fachhandel oder übers Internet zu kaufen. Ich finde einen einzigen großen Behälter, in dem der Joghurt reift, viel praktischer (platzsparend, weniger zum Abspülen) als kleine Portionsgläschen. Aber das ist Ansichtssache.
** Wer seinen Joghurt besonders stichfest haben möchte, hat zwei Möglichkeiten. Entweder den fertig gereiften und über Nacht gekühlten Joghurt in einem mit einem Passiertuch ausgelegten Sieb 1–2 Std. abtropfen lassen oder 2–3 EL Milchpulver beim Ansetzen mit einrühren.

Wenn früher jemand davon sprach, seinen Joghurt herzustellen, hatte ich unweigerlich ein paar Hippies in farbenfrohen Gewändern vor meinem inneren Auge. Selbst gemachter Joghurt, das klang nach alternativem Landleben und ganz viel Zeit. Inzwischen musste ich meine Meinung grundlegend revidieren! Nie hätte ich geglaubt, dass sich mein geliebter stichfester griechischer Sahnejoghurt mit nur zehn Minuten Arbeitsaufwand auch zu Hause zubereiten lässt.

MITTAGESSEN
Alles zum Sattessen

Ohne Umschweife: Diese Marillenknödel gehören wahrscheinlich zu meinen zehn absoluten Lieblingsgerichten bis in alle Ewigkeit, ich könnte sie immer essen. Und überhaupt kann man richtig gute Marillenknödel nur treffend mit dem Wort »göttlich« umschreiben – so unglaublich gut schmecken die! Meine Theorie ist ja, dass die Aprikosen einzig und allein zu dem Zweck erschaffen wurden, damit die Menschheit in den Genuss dieser Knödel kommt.

Marillenknödel
zum Verlieben

MENGE 6 Stück | **ZUBEREITUNGSZEIT** ca. 45 Min. plus 1 Std. Abtropfen
SAISON Sommer | **SCHWIERIGKEITSGRAD** ✼✼✻

Für die Knödel: 250 g Quark (20 % Fett) | 6 kleine Aprikosen
6 Stück Würfelzucker (ersatzweise 3 TL Vanillezucker) | 25 g zimmerwarme Butter
1 Eigelb (M) | 1–2 EL Vanillezucker | 1/2 TL fein abgeriebene Bio-Zitronenschale
feines Meersalz | 75 g Weichweizengrieß | 50 g Mehl

Für die Brösel: 60 g Butter | 25 g gemahlene Haselnüsse
80 g Semmelbrösel* | optional: 1 EL Zucker

Außerdem: Mehl zum Arbeiten | Puderzucker zum Bestäuben

1 Für die Knödel Quark in einem mit einem Küchenpapier ausgelegten Sieb abtropfen lassen – je länger, desto besser (mind. 1 Std.).

2 Die Aprikosen waschen und entsteinen: Dazu entweder an einer Seite an der Naht einschneiden, aufklappen und den Kern entfernen. Oder jede Frucht mit einer Hand umschließen und mit einem Kochlöffelstiel deren Stielansatz eindrücken – der Kern flutscht dann bei reifen Früchten am anderen Ende heraus. Die Aprikosen jeweils mit 1 Würfelzucker (oder je ½ TL Vanillezucker) füllen.

3 Quark, Butter, Eigelb, Vanillezucker, Zitronenschale, 1 Prise Salz und Grieß gut verrühren, dann das Mehl nur kurz untermengen (klebt der Teig noch sehr, esslöffelweise etwas Mehl dazugeben). Den Teig mit bemehlten Händen auf einem bemehlten Brett zur Rolle formen und in 6 gleich große Stücke schneiden. Teigstücke zu fingerdicken Scheiben formen, je 1 Aprikose in die Mitte setzen und sorgfältig mit dem Teig umschließen (sonst lösen sich die Knödel im Wasser auf), rund formen.

4 Einen großen Topf mit Wasser zum Kochen bringen und leicht salzen. Die Knödel vorsichtig hineingleiten lassen, die Temperatur zurückschalten. Die Knödel bei geringer Hitze in 12–14 Min. sanft gar ziehen lassen (das Wasser darf keinesfalls sprudelnd kochen!). Dabei von Zeit zu Zeit umrühren, damit die Knödel nicht am Boden ansetzen.

5 Inzwischen für die Brösel die Butter in einer großen Pfanne schmelzen. Die Haselnüsse, die Semmelbrösel und eventuell Zucker dazugeben und alles bei mittlerer Hitze unter häufigem Rühren goldbraun rösten.

6 Die Marillenknödel aus dem Wasser heben, gut abtropfen lassen und in den heißen Bröseln rollen. Sofort servieren – mit reichlich Puderzucker bestäubt!

Aus altbackenen Resten von Hefezopf oder Brioche lassen sich ebenfalls wunderbare Brösel machen: Das Gebäck in Scheiben schneiden und im 50° heißen Backofen (Mitte, Umluft auch 50°) 1–2 Std. trocknen lassen, dann in der Küchenmaschine zu feinen Bröseln mahlen. Wie Semmelbrösel verwenden.

Es gibt Grießbrei, und es gibt DEN Grießbrei von Oma. Mit behutsam untergehobenem Eischnee, etwas Butter und ordentlich Zimtzucker – nach einem solchen Teller sieht die Welt da draußen gleich wieder viel besser aus. Und wer bei Rhabarberkompott an eine zerkochte, grünliche Masse denkt – es geht auch anders: stückig, tiefrot, aus dem Ofen!

Flaumiger Grießbrei
mit Rhabarberkompott

MENGE 4 Portionen | **ZUBEREITUNGSZEIT** ca. 20 Min. plus 20–25 Min. Garen
SAISON Frühjahr | **SCHWIERIGKEITSGRAD** ✳︎✳︎✳︎

Für das Kompott: 100 g Himbeeren (frisch oder TK)
3–4 Stangen rotstieliger Rhabarber (300–400 g)*
100 ml frisch gepresster Orangensaft | 40 g (Vanille-)Zucker

Für den Brei: 1 Vanilleschote | 1 Stück Bio-Zitronenschale (4–5 cm)
1 l Milch | 50 g Zucker | 1 Prise Salz
120 g Weichweizengrieß** | 2 Eier (M) | 40 g Butter

1 Den Backofen auf 200°C (Umluft 180°) vorheizen. Für das Kompott die Himbeeren verlesen, abbrausen (tiefgekühlte Beeren auftauen lassen), mit der Gabel zerdrücken und durch ein feines Sieb passieren. Den Rhabarber waschen, putzen, wenn nötig schälen und in 4–5 cm lange Stücke schneiden (es sollten 250 g sein).

2 Rhabarber in einer flachen Auflaufform verteilen (am besten in einer einzigen Schicht). Himbeerpüree, Orangensaft und Zucker verrühren und so über den Rhabarber gießen, dass alle Stücke überzogen sind. Form mit Alufolie abdecken, Rhabarber 10 Min. im Ofen (Mitte) garen. Die Folie entfernen, etwas vom Saft über die Rhabarberstücke löffeln und in weiteren 10–15 Min. fertig garen (die Stücke sollen weich sein, aber noch nicht zerfallen). Den Rhabarber in dem Sud abkühlen lassen. Das Rhabarberkompott hält sich im Kühlschrank mehrere Tage.

3 Für den Brei Vanilleschote längs aufschlitzen, das Mark herauskratzen. Beides mit Zitronenschale, Milch, Zucker und Salz in einen Topf geben, aufkochen. Den Grieß unter Rühren langsam einrieseln lassen und die Masse bei geringer Hitze in 4–5 Min. andicken lassen (gelegentlich umrühren). Zwischendurch Eier trennen, Eigelbe beiseitestellen, Eiweiße steif schlagen.

4 Dann Vanilleschote und Zitronenschale aus dem Brei entfernen, Butter einrühren. Den Topf vom Herd nehmen und zuerst die Eigelbe unter den Brei rühren, dann den Eischnee unterheben. Mit Kompott servieren.

In der rhabarberlosen Zeit schmeckt der Grießbrei auch mit einem anderen Kompott, mit einer Konfitüre oder ganz simpel nur mit Zimtzucker bestreut.
**Mit 120 g Grieß erhält der Brei eine mittelfeste Konsistenz. Wer ihn flüssiger mag, reduziert die Grießmenge um bis zu 20 g, wer ihn fester mag, gibt bis zu 20 g mehr hinzu.*

Duftet es in unserer Küche nach frischen Pfannkuchen (heute bäckt sie mein Freund Oliver), dann habe ich sofort ein Bild aus meiner Kindheit vor Augen: Meine Mama oder Oma bugsierten ein um den anderen Pfannkuchen frisch aus der Pfanne auf meinen Teller, es konnte gar nicht schnell genug gehen mit dem Nachschub. Pfannkuchen war eines meiner erklärten Lieblingsmittagessen und einfach unschlagbar mit selbst gemachter Erdbeerkonfitüre.

Pfannkuchen
mit Konfitüre

MENGE ca. 10 Stück | **ZUBEREITUNGSZEIT** ca. 30 Min. plus 20 Min. Quellen
SAISON ganzjährig | **SCHWIERIGKEITSGRAD** ✳✳✴

4 Eier (M) | 2 EL Zucker | 1 Prise feines Meersalz
optional: ein wenig abgeriebene Bio-Zitronenschale
ca. 400 ml Milch | 175 g Mehl

Außerdem: Butterschmalz zum Ausbacken | Konfitüre zum Bestreichen
optional Puderzucker zum Bestäuben

1 Eier mit Zucker, Salz und eventuell Zitronenschale mit den Quirlen des Handrührgeräts oder mit einem Schneebesen aufschlagen, dann die Milch unterrühren. Etwa ein Viertel des Mehls über die Eiermilch sieben und gründlich unterrühren, bis keine Klümpchen mehr zu sehen sind. Das übrige Mehl auf diese Weise unterarbeiten, bis es aufgebraucht ist. Teig mind. 20 Min. quellen lassen (ein paar Stunden schaden aber auch nicht, hierfür allerdings abgedeckt in den Kühlschrank stellen). Dann den Teig noch einmal kurz durchrühren, ist er zu dickflüssig, ein wenig mehr Milch dazugeben.

2 In einer großen Pfanne (Oliver verwendet hier am liebsten eine unbeschichtete Edelstahlpfanne, auf der sicheren Seite ist man dagegen mit einer beschichteten Pfanne) ca. ½ TL Butterschmalz schmelzen lassen. Mit einer Schöpfkelle etwas Teig in die Mitte der Pfanne gießen und diese dabei schwenken, sodass sich der Teig darin gleichmäßig verteilt.

3 Den Pfannkuchen bei mittlerer Hitze in 1–2 Min. goldbraun backen, mit dem Pfannenwender umdrehen (Mutige dürfen werfen!) und auch die zweite Seite goldbraun backen. Nicht verzagen, wenn der erste Pfannkuchen nichts wird – das ist ein ungeschriebenes Pfannkuchengesetz. Nach und nach wie beschrieben weitere Pfannkuchen backen, bis der Teig aufgebraucht ist.* Jeder bestreicht sich dann am Tisch seine Pfannkuchen selbst mit Konfitüre.** Aufrollen, aufessen! Vorher eventuell noch mit Puderzucker bestäuben.

* Zum Warmhalten gebackene Pfannkuchen auf einem gebutterten Teller und mit Alufolie abgedeckt in den 60° heißen Backofen stellen.
** Gab es die Pfannkuchen nicht mit Konfitüre, dann mit Omas selbst gemachtem Apfelmus, für das es nicht mal ein aufwendiges Rezept braucht: 3 Äpfel schälen, entkernen, in Spalten schneiden und mit je etwas Zitronensaft, Wasser und Zucker sowie 1 Zimtstange in einen Topf geben. Abgedeckt in ca. 10 Min. weich dünsten, dann (ohne Zimtstange) pürieren. Warm oder kalt genießen.

Apfelstrudel

MENGE 2 Stück (ca. 8 Portionen) | **ZUBEREITUNGSZEIT** ca. 45 Min. plus 1 Std. Ruhen und 30–40 Min. Backen
SAISON ganzjährig | **SCHWIERIGKEITSGRAD** ✱✱✱

Für den Teig: 250 g doppelgriffiges Mehl (z. B. Wiener Grießler)
1 ½ EL Öl | ½ TL milder, heller Essig (z. B. Apfelessig) | 1 Prise feines Meersalz

---

Für die Füllung: 40 g Butter | 80 g Semmelbrösel*
1–1,2 kg säuerliche Äpfel* | frisch gepresster Saft von ½ Zitrone
80 g Zimtzucker | optional: 100 g Rosinen oder Sultaninen

Außerdem: Mehl und Öl zum Arbeiten | 50–75 g Butter zum Bestreichen
optional Puderzucker zum Bestäuben | Schlagsahne, Vanilleeis oder Vanillesauce (Seite 62) zum Servieren

1 Für den Strudelteig Mehl in eine Schüssel geben und eine Vertiefung in die Mitte drücken. Öl, Essig, Salz und ca. 150 ml lauwarmes Wasser hineingeben und mit einer Gabel verrühren. Dann alles von Hand zu einem geschmeidigen Teig verkneten (klebt er zu sehr, ein wenig Mehl unterarbeiten, ist er zu trocken, ein wenig Wasser). Teig zur Kugel formen, mit etwas Öl bepinseln und in Klarsichtfolie gewickelt 1 Std. ruhen lassen.

2 Inzwischen für die Füllung Butter in einer Pfanne aufschäumen lassen, darin die Semmelbrösel unter Rühren goldbraun anrösten. Auf einem Teller abkühlen lassen. Die Äpfel schälen, vierteln, entkernen und in nicht zu dünne Scheiben hobeln, dann mit Zitronensaft beträufeln. Die Butter zum Bestreichen schmelzen, ein Backblech mit etwas Butter bepinseln (oder mit Backpapier auslegen). Den Backofen auf 200° vorheizen.

3 Teig halbieren. Erste Hälfte mit Mehl bestäuben, auf einem großen bemehlten Küchentuch quadratisch ausrollen und hauchdünn ausziehen**, dicke Teigränder abschneiden. Mit 2 EL zerlassener Butter bestreichen, die Hälfte der Brösel darauf verteilen (rundherum 5 cm Rand lassen). Dann jeweils die Hälfte der Äpfel, des Zimtzuckers und eventuell der Rosinen oder Sultaninen auf der einem zugewandten Teighälfte verteilen. Die freigelassenen Ränder rechts und links zur Mitte hin über die Füllung schlagen und den Strudel durch langsames Hochziehen des Tuches aufrollen. Mit der Naht nach unten aufs Blech setzen. Mit den übrigen Zutaten den zweiten Strudel ebenso zubereiten und mit etwas Abstand neben den ersten aufs Blech setzen.

4 Strudel mit etwas Butter bestreichen und im Ofen (zweite Schiene von unten, Umluft 180°) in 30–40 Min. goldbraun backen, dabei alle 10 Min. mit etwas Butter bestreichen. Aus dem Ofen nehmen, ein wenig abkühlen lassen, dann am besten mit Puderzucker bestäuben und mit Schlagsahne, Vanilleeis oder -sauce servieren.

Strudel lassen sich mit allerlei Früchten zubereiten, am bekanntesten sind die Aprikosen- und Kirschvariante. Für eine nussige Note ersetzt man einen Teil der Brösel durch gemahlene Nüsse.
**Ein Strudelteig gilt als perfekt ausgezogen, wenn man durch ihn hindurch Zeitung lesen kann: beide Handrücken unter dem ausgerollten Teig platzieren und diesen behutsam größer ziehen, er darf dabei aber nicht reißen. Die Ränder zupft man mit den Fingern dünner. Den Teig zügig verarbeiten, sonst trocknet er aus.*

Was wäre ein Besuch in Salzburg ohne einen Apfelstrudel? Am liebsten auf der Terrasse des Café Bazar, mit herrlichem Blick über die Salzach und die Stadt. Gelüstet es uns aber zwischen zwei Ausflügen nach einem guten Strudel, dann lege ich selbst Hand an, mit ein wenig Übung ist sogar das Strudelteigausziehen ein Kinderspiel. Und es duftet so unverschämt gut, wenn er dann im Ofen goldbraun und knusprig bäckt!

Germknödel

mit Vanillesauce und Mohnzucker

MENGE 6–8 Stück | **ZUBEREITUNGSZEIT** ca. 2 ½ Std., davon aktiv 45 Min.
SAISON ganzjährig | **SCHWIERIGKEITSGRAD** ✱✱✱

Für die Knödel: 250 g Mehl | 10 g frische Hefe | ⅛ l Milch
25 g Butter | 1 Eigelb (M) | 2 EL Zucker | 1 Prise Salz | ca. 125 g Pflaumenmus

---

Für den Mohnzucker: 50 g gemahlener Mohn | 25 g Puderzucker

Für die Sauce: 1 Vanilleschote | ½ l Milch | 60 g Zucker | 1 Prise Salz | 4 Eigelb (M)

Außerdem: Mehl zum Arbeiten

1 Für die Knödel Mehl in die Schüssel der Küchenmaschine geben (alternativ Handrührgerät nehmen), eine Vertiefung in die Mitte drücken und Hefe hineinkrümeln. Die Milch lauwarm erhitzen, die Hälfte über die Hefe gießen und umrühren. Den Vorteig abgedeckt ca. 15 Min. gehen lassen, bis sich erste Blasen an der Oberfläche zeigen. Butter in die übrige Milch geben und schmelzen lassen. Für den Mohnzucker den Mohn mit dem Puderzucker in einem Blitzhacker vermengen.

2 Dann nacheinander Milch, Eigelb, Zucker und Salz zum Mehl geben und alles mit dem Knethaken 5 Min. kneten, bis der Teig beginnt, sich von der Schüssel zu lösen (ist er zu klebrig, esslöffelweise noch etwas Mehl zugeben). An einem warmen Ort abgedeckt 1 Std. gehen lassen, der Teig sollte sein Volumen verdoppeln.

3 Teig auf eine bemehlte Arbeitsfläche geben, Luft behutsam herausdrücken und den Teig in 6–8 gleich große Stücke schneiden. Teigstücke mit den Fingern zu ca. 1 cm dicken Scheiben formen. Je 1–2 TL Pflaumenmus mittig daraufsetzen, Teigränder darüber schließen und gut zusammendrücken.

4 Die Knödel mit der Naht nach unten auf ein bemehltes Brett legen, 15 Min. abgedeckt gehen lassen. Einen weiten, großen Topf, in den ein Dämpfkorb passt, mit so viel Wasser füllen, dass das Dämpfgut nicht im Wasser steht, und zum Kochen bringen. Die ersten Germknödel mit ausreichend Abstand in den Dämpfkorb setzen und im Topf bei geschlossenem Deckel 12–16 Min. garen.

5 Inzwischen für die Sauce Vanilleschote längs aufschlitzen und Mark herauskratzen. Beides mit Milch, Zucker und Salz in einem Topf zum Kochen bringen, vom Herd nehmen. Eigelbe in einer kleinen Schüssel mit einer Gabel verschlagen, nacheinander 4–5 EL der heißen (nicht mehr kochenden!) Milch unterrühren, dann die Eiermilch zurück zur restlichen Milch geben. Topf zurück auf den Herd stellen und die Sauce bei geringer bis mittlerer Hitze unter Rühren langsam eindicken lassen (nicht kochen!). Die Schote entfernen.

6 Vanillesauce durch ein Sieb gießen und über die fertigen Knödel geben. Noch etwas Mohnzucker drüber, servieren! Restliche Knödel wie beschrieben garen.

Es soll ja Menschen geben, die nur aus einem einzigen Grund zum Wandern oder Skifahren gehen: Wegen der Essenspausen auf einer urigen Berghütte, Germknödel stehen dort hoch im Kurs. Bei meiner ausgeprägten Vorliebe für Mehlspeisen aller Art ist mir das aber zu selten, außerdem ist das Selbermachen leichter als man denkt!

Eigentlich zur Verwertung altbackener Semmeln gedacht, kann man den Auflauf auch mit Resten von buttrigen Brioches oder luftigem Hefezopf zubereiten.

Früchtemichel
mit Apfel, Kirschen und Zwetschgen

MENGE 4 Portionen | **ZUBEREITUNGSZEIT** ca. 20 Min. plus 45–50 Min. Backen
SAISON ganzjährig | **SCHWIERIGKEITSGRAD** ✶✶✶

40 g Butter
4–5 (Milch-)Semmeln oder 4 dicke Scheiben Hefezopf
100 g Sahne
100–150 ml Milch
3 (L) oder 4 (M) Eier
75 g Zucker
1–2 EL brauner Rum
¼ TL gemahlener Zimt
1 Prise frisch geriebene Muskatnuss
100 g Schattenmorellen (aus dem Glas)
4–5 Zwetschgen (auch fein: Pflaumen)
1 Apfel
1 Prise feines Meersalz
75 g Mandelstifte

1 Eine große Auflaufform mit 1 EL Butter einfetten. Semmeln oder Hefezopf in Stücke zupfen und in eine Schüssel geben, mit der Sahne und Milch übergießen, mit einem Löffel vermengen, kurz einweichen lassen. Das Gebäck soll die gesamte Flüssigkeit aufsaugen, ist es noch trocken, noch etwas mehr Milch dazugeben.

2 Den Backofen auf 180 °C vorheizen. Eier trennen, Eigelbe mit Zucker, Rum und den Gewürzen schaumig aufschlagen, dann über die Semmeln gießen und vermengen. Die Kirschen abtropfen lassen. Zwetschgen waschen, vierteln und entsteinen. Den Apfel schälen, vierteln, entkernen und feinblättrig aufschneiden (oder hobeln). Die Eiweiße mit dem Salz steif schlagen.

3 Den Eischnee behutsam unter die Semmel- oder Hefezopfmasse heben, dann die Früchte und 50 g der Mandeln unterziehen. Die Masse in die Auflaufform füllen, mit den restlichen Mandeln bestreuen und die übrige Butter in Flöckchen darüber verteilen. Im Ofen (zweite Schiene von unten, Umluft 160°) in 45–50 Min. goldbraun backen.

TIPP: Früchtemichel vor dem Servieren nach Belieben noch mit Puderzucker bestäuben. Außerdem passt dazu eine Vanillesauce (siehe Germknödel, Seite 62) oder ein leicht eingekochter, gesüßter Kirschsaft, der mit 1 Prise gemahlenem Zimt gewürzt wurde.

Fingernudeln oder Schupfnudeln – bei uns liebevoll Schoppala genannt – werden in Butterschmalz knusprig gebraten und pur oder zu Fleischgerichten serviert. Kocht man diese Kartoffelnudeln stattdessen und schwenkt sie in Mohnbutter, dann wird daraus ein süßes Hauptgericht.

Süße Fingernudeln
in Mohnbutter geschwenkt

MENGE 4 Portionen | **ZUBEREITUNGSZEIT** ca. 30 Min. plus 30 Min. Kochen und 10–15 Min. Ausdampfen
SAISON ganzjährig | **SCHWIERIGKEITSGRAD** ✶✶✶

700–800 g mehligkochende Kartoffeln
200 g Mehl | 2 Eier (M oder L)
feines Meersalz | 75 g Butter | 25–50 g gemahlener Mohn

Außerdem: Kartoffelpresse | Mehl zum Arbeiten
Puderzucker zum Bestäuben

1 Die Kartoffeln waschen und in ausreichend Wasser in ca. 30 Min. weich kochen, noch heiß pellen und durch eine Kartoffelpresse drücken. Kartoffeln gleichmäßig auf einem Holzbrett ausbreiten und 10–15 Min. ausdampfen lassen.

2 Dann das Mehl über den Kartoffeln verteilen, die Eier und 1 Prise Salz dazugeben und alles mit einer Gabel vermengen. Zum Schluss von Hand nur kurz zu einem geschmeidigen Teig kneten.

3 Den Teig vierteln. Jedes Teigviertel auf der leicht bemehlten Arbeitsfläche zu einer ca. 3 cm dicken Rolle formen und in fingerdicke Stücke schneiden. Die Teigstücke mit den Händen zu dünnen, an den Enden ein wenig spitz zulaufenden Fingernudeln rollen. Auf das mit Mehl bestäubte Brett legen. Einen großen Topf mit leicht gesalzenem Wasser zum Kochen bringen.

4 Hitze zurückschalten und warten, bis das Wasser nicht mehr sprudelnd kocht (sonst können die Nudeln zerfallen). Die Fingernudeln behutsam hineingleiten lassen und in 3–5 Min. gar ziehen lassen.

5 Inzwischen eine große Pfanne erhitzen. Die Butter darin aufschäumen lassen und den Mohn dazugeben. Fingernudeln mit einem Schaumlöffel aus dem Wasser heben, gut abtropfen lassen, dann in der Mohnbutter schwenken. Mit Puderzucker bestäubt servieren.

TIPP: Mohnnudeln werden meist pur gegessen, trotzdem spricht nichts dagegen, sie mit Zwetschgenröster, Kirsch- oder Preiselbeerkompott zu servieren. Für einen schnellen Zwetschgenröster 50 g Zucker im Topf hell karamellisieren lassen. Mit 100 ml Rotwein oder Traubensaft ablöschen, 1 Zimtstange, 3–4 cm Bio-Zitronenschale und 350–400 g geviertelte Zwetschgen dazugeben. Alles 6–8 Min. zugedeckt köcheln lassen, Zimt und Schale entfernen.

Ob als süßes Mittagessen oder als rustikaler Abschluss eines Herbstmenüs – Apfelkücherl mag jeder. Am besten eignen sich leicht säuerliche Apfelsorten, etwa Braeburn, Boskop, Cox Orange, Elstar oder Gravensteiner.

Apfelkücherl
mit Zimtzucker

MENGE 4 Portionen | **ZUBEREITUNGSZEIT** 35–45 Min.
SAISON ganzjährig | **SCHWIERIGKEITSGRAD** ✶✶✶

3 EL Butter
2 Eier (L)
200 g Mehl
2 EL Vanillezucker
feines Meersalz
300 ml Milch
4 säuerliche Äpfel

Außerdem:
Butterschmalz zum Frittieren
Zimtzucker zum Wenden

1 Den Ausbackteig vorbereiten: Die Butter in einem kleinen Topf schmelzen und zum Abkühlen zur Seite stellen. Die Eier trennen. Mehl in eine Schüssel sieben und mit dem Vanillezucker und 1 Prise Salz vermischen. Milch, Eigelbe und die Butter dazugeben und alles mit einem Kochlöffel glatt verrühren. Teig mind. 20 Min. quellen lassen.

2 Inzwischen die Äpfel schälen und die Kerngehäuse mit einem Apfelausstecher entfernen. Äpfel in knapp 1 cm dicke Scheiben schneiden.* Eiweiße mit 1 Prise Salz steif schlagen, den Eischnee mit einem Gummispatel behutsam unter die Teigmasse heben.

3 Reichlich Butterschmalz in einem großen, weiten Topf oder in einer Fritteuse erhitzen. Nacheinander die Apfelringe durch den Teig ziehen, ein wenig abtropfen und in das heiße Fett gleiten lassen. Die Apfelringe frei schwimmend (also nicht zu viele auf einmal in den Topf geben) in 3–5 Min. goldbraun ausbacken, dabei einmal wenden. Kücherl mit einem Schaumlöffel herausnehmen, auf Küchenpapier abtropfen lassen und noch heiß im Zimtzucker wenden. Sofort servieren.

* Lässt man die geschnittenen Apfelscheiben länger liegen, dann mit Zitronensaft beträufeln, so werden sie nicht braun.

Salzburger Nockerl

MENGE 2–3 Portionen | **ZUBEREITUNGSZEIT** ca. 20 Min. plus 8–12 Min. Backen
SAISON ganzjährig | **SCHWIERIGKEITSGRAD** ✶✶✶

6 (L) oder 7 (M) Eier
1 Prise feines Meersalz
100 g Zucker | 150–200 ml Milch
Mark von 1 Vanilleschote
50 g Butter
fein abgeriebene Schale von ½ Bio-Zitrone
1 EL Mehl | 1 EL Speisestärke

Außerdem:
Puderzucker zum Bestäuben

1 Den Backofen auf 240° (keine Umluft!) vorheizen. Die Eier trennen. Eiweiße in einer sauberen, fettfreien Schüssel mit dem Salz aufschlagen (mit den Quirlen des Handrührgeräts oder der Küchenmaschine, mittlere Stufe). Sobald sie steif werden, 70 g Zucker einrieseln lassen und noch 2–3 Min. auf hoher Stufe schlagen, bis sich der Zucker aufgelöst hat und der Eischnee cremig-steif ist und schön glänzt.

2 Die Milch mit Vanillemark, der Butter in Flöckchen und restlichem Zucker in eine Auflaufform (18 x 26 cm) geben und auf der zweiten Schiene von unten in den Ofen stellen.

3 In einer zweiten Schüssel Eigelbe mit der Zitronenschale (wer nur einen Zitronenhauch an den Nockerl möchte, nimmt noch weniger) verrühren, dann über den Eischnee gießen. Zügig das Mehl und die Stärke darübersieben und mit einem Gummispatel alles sehr behutsam unterheben und vermengen. Die Teigmasse soll so luftig wie nur möglich bleiben, vereinzelte Eischneenester im Teig sind kein Problem.

4 Die Auflaufform vorsichtig aus dem Ofen holen (sehr heiß!). Mit einer großen Teigkarte von der Teigmasse drei oder vier große Nocken abstechen und nebeneinander in die Form setzen – die heiße Milch sollte komplett mit Teig bedeckt werden. Die Ofentemperatur auf 225° reduzieren. Die Nockerl 8–12 Min. backen, sie sollten innen noch ein wenig cremig sein.* Wie bei allen Soufflés sollte man sich aber stets hüten, die Backofentür vorzeitig zu öffnen – sonst fallen die Nockerl zusammen (was sie nach dem Herausnehmen übrigens auch sehr schnell tun). Mit Puderzucker bestäuben und sofort servieren!

Es erfordert ein wenig Übung, die Nockerl auf den Punkt zu backen. Gelingt das nicht, tut das ihrem Geschmack keinerlei Abbruch. Es ist höchstens ein Grund, sie – natürlich rein zu Übungszwecken – öfters zuzubereiten. Nimmt man 2 Eigelbe weniger, werden die Nockerl ein wenig standfester.

TIPP: Dazu gibt's Zwetschgenröster (siehe Fingernudeln, Seite 66) oder Kompott – bei uns am liebsten von Himbeeren: Dazu nur die (TK-)Früchte mit 1 Schuss Himbeergeist, etwas Zitronensaft und Zucker aufkochen. Warm oder kalt zu den Nockerl servieren.

Seit mein lieber Freund und Kochbuchautor Sebastian Dickhaut es einmal gewagt hat, Salzburger Nockerl für knapp 20 Personen zuzubereiten, hat sein Rezept einen Platz in meinem Herzen – es ist narrensicher und liefert bei minimalem Aufwand ein Geschmackserlebnis zum Dahinschmelzen.

Ein einziger Bissen von diesen Zwetschgenknödeln und ich bin wieder acht Jahre alt und sitze in der kleinen, verschrobenen Küche meiner Großeltern am Esstisch. Die ersten Knödel von Früchten aus dem eigenen Obstgarten waren jedes Jahr ein absolutes Highlight für die ganze Familie – im Gegensatz zu den gängigen Rezepten mit Kartoffelteig werden die Zwetschgen dafür mit Hefeteig ummantelt und gedämpft. Darauf freue ich mich jedes Jahr mehr als auf den ersten Datschi.

Oma Luises Zwetschgenknödel

MENGE 10–12 Stück | **ZUBEREITUNGSZEIT** ca. 30 Min. plus 45–60 Min. Gehen und 10–13 Min. Garen pro Korb
SAISON Spätsommer und Herbst | **SCHWIERIGKEITSGRAD** ✱✱✲

250 g Mehl
½ Würfel Hefe (ca. 20 g) | ⅛ l Milch
25 g Butter | 1 Eigelb (M) | 3 EL Zucker
1 Prise Salz | 10–12 Zwetschgen
10–12 Stück Würfelzucker (ersatzweise 2–3 EL Zucker)

Außerdem:
Mehl zum Arbeiten
geschmolzene Butter und Zimtzucker zum Servieren

1 Mehl in die Schüssel der Küchenmaschine geben (alternativ Handrührgerät nehmen), eine Vertiefung in die Mitte drücken und Hefe hineinkrümeln. Die Milch lauwarm erhitzen, die Hälfte über die Hefe gießen und umrühren. Den Vorteig abgedeckt ca. 15 Min. gehen lassen, bis sich erste Blasen an der Oberfläche zeigen. Butter in die übrige Milch geben und schmelzen lassen.

2 Dann nacheinander Milch, Eigelb, Zucker und Salz zum Mehl geben und alles mit dem Knethaken 5 Min. kneten, bis der Teig beginnt, sich von der Schüssel zu lösen (ist er zu klebrig, esslöffelweise noch etwas Mehl zugeben). An einem warmen Ort abgedeckt 30–45 Min. gehen lassen, der Teig sollte sein Volumen verdoppeln.

3 Die Zwetschgen waschen und an der Nahtstelle seitlich gerade so weit einschneiden, dass sich die Steine entfernen lassen. Steine aus den Zwetschgen herauslösen. Einen weiten, großen Topf, in den ein Dämpfkorb passt, mit so viel Wasser befüllen, dass später das Dämpfgut keinesfalls im Wasser steht, und zum Kochen bringen.

4 Den Teig auf eine bemehlte Arbeitsfläche geben, Luft behutsam ein wenig herausdrücken und den Teig je nach Zwetschgengröße in 10 (bei großen Früchten) oder in 12 (kleine Früchte) gleich große Stücke teilen. Mit einem Tuch abdecken. Dann nacheinander jeweils 1 Teigstück zu einem runden Fladen formen. 1 Stück Würfelzucker in 1 Zwetschge stecken, die Zwetschge schließen und mittig auf dem Teigfladen platzieren. Zwetschge vollständig mit dem Teig umschließen, sonst laufen sie beim Dämpfen aus.

5 Die ersten Zwetschgenknödel in den Dämpfkorb setzen (mit der Naht nach unten) und im Topf bei geschlossenem Deckel 10–13 Min. garen.* Mit geschmolzener Butter und Zimtzucker servieren. Die übrigen Knödel wie beschrieben garen.

Meine Oma dämpfte die Knödel noch im Geschirrtuch: Dazu wurde ein ausgekochtes Küchentuch mit Stecknadeln über einem Topf leicht durchhängend befestigt und mit Butter eingepinselt, bevor die Knödel darin Platz fanden. Wer ein asiatisches Dämpfkörbchen sein eigen nennt, kann aber dieses für die Zwetschgenknödel verwenden.

T
TEATIME
Mußestunden am Nachmittag

Selbst gebackene Madeleines sind nicht nur für Teetrinker etwas ganz Besonderes. Der hier verwendete Lady Grey Tee hat ein milderes Bergamotte-Aroma als der bekanntere Earl Grey Tee und wird besonders gern mit Orange kombiniert. Wer trotzdem lieber zu Earl Grey und Zitrone greift, darf dies tun – beides ist beliebig austauschbar.

Orangen-Madeleines
mit einem Hauch Lady Grey

MENGE 18–20 Stück | **ZUBEREITUNGSZEIT** ca. 30 Min. plus 12 Min. Backen pro Form
SAISON ganzjährig | **SCHWIERIGKEITSGRAD** ✱✱✱

120 g Butter
2–3 TL Lady Grey Teeblätter (2–3 Teebeutel gehen auch)
1 Bio-Orange | 2 Eier (M oder L)
120 g Zucker | 1 Prise feines Meersalz
125 g Mehl
100 g Puderzucker

Außerdem: 12er-Madeleine-Backform
Butter und Mehl für die Form

1 Butter in einem kleinen Topf schmelzen, vom Herd ziehen und die Teeblätter einrühren, ca. 10 Min. ziehen lassen. Dann durch ein feines Sieb gießen, Teeblätter leicht mit einem Löffelrücken ausdrücken. Inzwischen den Backofen auf 190° (Umluft 170°) vorheizen. Die Backform mit Butter einfetten und mit Mehl einstäuben, überschüssiges Mehl abklopfen. Orange heiß waschen und abtrocknen.

2 Die Eier und den Zucker mit den Quirlen des Handrührgeräts oder der Küchenmaschine in mind. 3 Min. hellcremig schlagen, dann Orangenschale direkt in die Schüssel fein abreiben (je nach gewünschter Intensität ½–1 TL), Salz dazugeben. Mehl darübersieben und von Hand mit einem Schneebesen unterheben, zuletzt die Butter in mehreren Etappen ebenfalls unterrühren.

3 Den leicht zähen Teig mit zwei Teelöffeln in die Vertiefungen der Form füllen (nicht zu voll!): Teig nur vom Löffel streifen, er verteilt sich – wenn auch langsam – von selbst. Im Ofen (Mitte) ca. 12 Min. backen, bis die Madeleines schön aufgegangen und die Ränder goldbraun sind. Dann die Form aus dem Ofen holen, die Madeleines vorsichtig herausnehmen und auf einem Kuchengitter auskühlen lassen. Übrigen Teig einfüllen und ebenfalls backen.

4 Die Orange auspressen und den Saft durchsieben. 2 EL des Safts mit dem Puderzucker verrühren, bis der Guss glatt ist und keine Klümpchen mehr hat. Die gewellten Seiten der Madeleines mit dem Orangenguss bepinseln, dann auf dem Kuchengitter trocknen lassen. Frisch gebacken schmecken sie am allerbesten.

Dieser Kuchen schmeckt auch nach Tagen noch supersaftig. Das Geheimnis des Gusses steckt in den Waldheidelbeeren, sie sorgen hier für das leuchtende Pink – mit weißfleischigen Kulturheidelbeeren funktioniert es leider nicht. Aber auch Brombeeren oder Himbeeren eignen sich gut für dieses Rezept.

Heidelbeerkuchen

MENGE 1 Kuchen (14–16 Scheiben) | **ZUBEREITUNGSZEIT** ca. 20 Min. plus 55 Min. Backen
SAISON Sommer | **SCHWIERIGKEITSGRAD** ✶✶✶

125 g (Wald-)Heidelbeeren
1 Bio-Zitrone
225 g zimmerwarme Butter
200 g Zucker
4 Eier (M oder L) | 1 Prise feines Meersalz
75 g Crème fraîche
225 g Mehl
2 TL Backpulver
100 g Puderzucker

Außerdem: Kastenkuchenform (ca. 30 cm Länge)
Butter und Mehl für die Form

1 Backofen auf 180° vorheizen. Form einbuttern und mit Mehl ausstäuben (oder mit Backpapier auskleiden). Heidelbeeren verlesen, abbrausen und trocken tupfen. Die Zitrone heiß waschen und abtrocknen.

2 Butter und Zucker mit den Quirlen des Handrührgeräts oder der Küchenmaschine in 2–3 Min. cremig rühren, dann Eier einzeln zufügen und gründlich unterrühren. Schale der Zitrone zur Creme reiben, Salz und Crème fraîche dazugeben, beides einarbeiten. Zuletzt Mehl und Backpulver darübersieben und nur so lange unterrühren, bis alles gerade gut vermengt ist.

3 Den Boden der Form mit einem Drittel des Teiges bedecken, ein Drittel der Beeren darüber verteilen. Mit einem weiteren Drittel Teig bedecken und das zweite Drittel der Beeren darauf verteilen, bevor man mit der letzten Schicht Teig abschließt. Im Ofen (zweite Schiene von unten, Umluft 160°) in ca. 55 Min. goldbraun backen (wenn man ein Holzstäbchen in die Gebäckmitte steckt, muss es beim Herausziehen sauber bleiben, dann ist der Kuchen fertig).

4 Aus dem Ofen nehmen, 10 Min. abkühlen lassen, dann auf ein Kuchengitter stürzen. Ist der Kuchen vollständig ausgekühlt, mit einer Gabel restliche Heidelbeeren mit 2 EL Wasser in einer kleinen Schüssel zerdrücken. Durch ein Sieb passieren, den Saft auffangen. Puderzucker mit 2 EL Saft zu einem glatten Guss verrühren, Kuchen damit einpinseln und trocknen lassen.

TIPP: Für einen lockeren Rührteig sollte nicht nur die Butter Zimmertemperatur haben, sondern alle Zutaten. Einfach 1 Std. vor der Zubereitung auf der Arbeitsfläche bereitstellen.

Da ich kein großer Fan der üppigen Buttercreme-Frostings bin, habe ich alternativ lange mit Mascarpone experimentiert. Und dabei zum einen festgestellt, dass er mitunter ziemlich zickig reagiert, und zum anderen meine Lieblingsglasur entdeckt. Kombiniert mit diesen supersaftigen Cola-Cupcakes wird daraus eine amerikanische Nascherei mit leicht salzigem Kick.

Cola-Peanutbutter-Cupcakes
Born in the USA

MENGE 12 Stück | **ZUBEREITUNGSZEIT** ca. 20 Min. plus 22 Min. Backen
SAISON ganzjährig | **SCHWIERIGKEITSGRAD** ✽✽✽

Für den Teig: 100 g zimmerwarme Butter
100 g dunkelbrauner Rohrohrzucker (z. B. Muscovado) | 50 g weißer Zucker
2 Eier (M oder L) | 1 Prise feines Meersalz | 150 g Mehl
knapp ½ TL Backpulver | 40 g schwach entöltes Kakaopulver | 200 ml Cola

---

Für das Frosting und Finish: 140 g kalte, cremige Erdnussbutter
1–2 EL Zucker | ca. 50 g kalte Sahne | 250 g kalter Mascarpone
gehackte, gesalzene Erdnüsse und/oder Schokospäne zum Bestreuen

---

Außerdem: 12er-Muffinblech und 12 Papier-Muffinförmchen
Spritzbeutel mit großer Stern- oder Lochtülle

1 Den Backofen auf 180° (Umluft 160°) vorheizen, Muffinblech mit den Papierförmchen auslegen. Für den Teig Butter und beide Zuckersorten mit den Quirlen des Handrührgeräts gut verrühren. Eier dazugeben und alles in mind. 4 Min. hellcremig aufschlagen. Das Salz dazugeben, Mehl und Backpulver über die Creme sieben und unterrühren, während man das Cola dazugießt.

2 Teig mit einem Teelöffel in die Förmchen verteilen, dabei maximal zu drei Vierteln füllen. Im Ofen (Mitte) in ca. 22 Min. goldbraun backen (die Stäbchenprobe nicht vergessen*). Die Cupcakes aus dem Ofen nehmen und kurz abkühlen lassen, dann aus der Form lösen und auf einem Kuchengitter vollständig auskühlen lassen.

3 In der Zwischenzeit das Frosting zubereiten: Erdnussbutter, Zucker und Sahne mit den Quirlen des Handrührgeräts gut verrühren, dann Mascarpone unterrühren. Wenn nötig, esslöffelweise noch etwas Sahne zufügen (das Frosting soll die Form behalten und nicht zu weich werden), aber keinesfalls zu lange rühren, sonst wird der Mascarpone unansehnlich flockig. In den Spritzbeutel füllen, die Cupcakes damit garnieren. Mit Erdnüssen und/oder mit Schokospänen bestreuen. Wer mag, stellt die Cupcakes noch etwas kühl, dann wird das Frosting noch fester.

* Mit einem Holzstäbchen ins Gebäck stechen: Bleibt kein Teig mehr daran kleben, ist es fertig. Sonst noch kurz weiterbacken.

Hefewaffeln erfordern schon etwas Zeit und Planung, wenn man sie frisch gebacken zum Tee servieren möchte, aber die Begeisterung der Gäste wird dafür entschädigen. So gute Waffeln haben sie nämlich noch nie gegessen!

Belgische Waffeln

MENGE ca. 16 Stück | **ZUBEREITUNGSZEIT** ca. 45 Min. plus 1 ½ Std. Gehen
SAISON ganzjährig | **SCHWIERIGKEITSGRAD** ✳✳✳

150 ml Milch
ca. 500 g Mehl
½ Würfel Hefe (ca. 20 g)
175 g Butter
50 g Vanillezucker
3 Eier (M)
1 Prise Salz
100 g Hagelzucker

Außerdem: belgisches Waffeleisen* (alternativ ein normales Waffeleisen)
eventuell Butter für das Eisen

1 Die Milch in einem Topf nur lauwarm erhitzen. Das Mehl in eine große Rührschüssel oder in die Schüssel der Küchenmaschine geben und in der Mitte eine Vertiefung formen. Die Hefe hineinkrümeln, mit der Milch übergießen und die Hefemilch einmal umrühren. Den Vorteig abgedeckt ca. 15 Min. gehen lassen, bis die Oberfläche erste Blasen wirft. Butter in einem kleinen Topf schmelzen lassen, dann vom Herd nehmen und leicht abkühlen lassen.

2 Vanillezucker, Eier, Butter und Salz in die Schüssel geben und alles entweder mind. 5 Min. von Hand oder bei niedriger Geschwindigkeit in der Küchenmaschine zu einem Teig verkneten. Optimal ist dieser, wenn er sich fast von der Schüssel löst. Ist er dagegen noch sehr klebrig, zusätzlich ein wenig Mehl dazugeben. Abgedeckt an einem warmen Ort zu etwa doppelter Größe aufgehen lassen, das dauert 45–60 Min.

3 Dann den Hagelzucker zum Teig geben und von Hand oder mit der Maschine gleichmäßig unterkneten. Den Waffelteig nochmals ca. 15 Min. gehen lassen.

4 Das Waffeleisen gemäß Bedienungsanleitung vorheizen. Ist die richtige Betriebstemperatur erreicht, falls nötig mit ein wenig Butter einfetten. Nach und nach mit zwei Esslöffeln (oder einem Eisportionierer) etwa eiskugelgroße Teigportionen in die Mitte jeder Waffelform setzen, Eisen schließen und den Teig – je nach Gerät und Temperatur – in 3–5 Min. goldbraun backen. Die Waffeln am besten sofort noch warm servieren, aber sie schmecken (gut in Folie eingewickelt aufbewahrt) auch am nächsten Tag noch sehr gut.

* Diese speziellen Waffeleisen backen besonders dicke und tiefe Waffeln (meist rechteckig) und sind im Fachhandel sowie auch online erhältlich.

Es soll ja Menschen geben, die freiwillig auf Desserts verzichten, weil sie ihnen schlichtweg zu süß sind. Für all jene ist diese Creme nach feiner englischer Art eine wahre Offenbarung. Beginnt man zu löffeln, dann verzieht es einem zwar schon mal kurz die Mundwinkel, aber erreicht der Löffel die Cantuccini-Brösel, dann vereinen sich süße und saure Aromen zu einer herrlich erfrischenden Nascherei. Und die reine Arbeitszeit dauert keine Viertelstunde.

Limetten-Ingwer-Posset
mit Beeren und Cantuccini

MENGE 4 Portionen | **ZUBEREITUNGSZEIT** ca. 25 Min. plus 3 Std. Kühlen
SAISON ganzjährig | **SCHWIERIGKEITSGRAD** ✳︎✳︎

1 Stück Ingwer (2–3 cm)
5–6 Bio-Limetten
350 g Sahne | 75 g Zucker
150 g frische oder TK-Beeren (z. B. Himbeeren, Heidelbeeren, Brombeeren)
80–100 g Cantuccini (italienische Mandelkekse)

Außerdem:
optional Schlagsahne oder Mascarpone und frische Beeren fürs Finish

1 Ingwer schälen und in dünne Scheiben schneiden. 1 Bio-Limette heiß waschen, abtrocknen und die Schale ohne das bittere Weiße ganz fein abreiben. Von allen Limetten den Saft auspressen (es soll 75 ml ergeben).

2 Sahne, Zucker, Ingwer, Limettenschale und -saft in einen Topf geben, erhitzen und bei starker Hitze 5 Min. sprudelnd kochen lassen. Topf vom Herd ziehen und die Sahne mind. 15 Min. abkühlen lassen.

3 Inzwischen frische Beeren verlesen, falls nötig abbrausen und trocken tupfen, von Stielansätzen befreien.* Die Cantuccini mit einem großen Messer grob hacken und auf vier kleine Gläser, Schüsseln oder Tassen verteilen. Die Beeren darübergeben.

4 Die Limettensahne durch ein Sieb gleichmäßig über die Beeren-Cantuccini-Mischung gießen. Abgedeckt in den Kühlschrank stellen und die Creme in mind. 3 Std. durchziehen und fest werden lassen.

5 Wer mag, dekoriert die Gläschen vor dem Servieren noch mit einem Tupfer Schlagsahne oder Macarpone und frischen Beeren – das ist aber kein Muss.

Große Beeren wie Erdbeeren in Viertel schneiden, kleine Beeren ganz lassen. TK-Beeren brauchen vor der Verwendung nicht aufgetaut zu werden.

Warum nur eins, wenn man auch zwei auf einmal haben kann? Ein klassisches Shortbread-Rezept lässt sich mit wenigen Handgriffen in zwei verschiedene Geschmacksrichtungen abwandeln.

Zweierlei Shortbread
mit Vanille, Zitrone und Mohn

MENGE ca. 24 Stück | **ZUBEREITUNGSZEIT** ca. 20 Min. plus 50 Min. Backen
SAISON ganzjährig | **SCHWIERIGKEITSGRAD** ✻✻✻

½ Vanilleschote
150 g zimmerwarme Butter
35 g Zucker
30 g Puderzucker
¼ TL feines Meersalz
175 g Mehl
50 g Speisestärke
1 EL gemahlener Mohn
½ TL fein abgeriebene Bio-Zitronenschale

Außerdem:
Springform (20 cm Ø)*

1 Den Backofen auf 160° vorheizen. Die Springform mit Backpapier auslegen. Die Vanilleschote der Länge nach aufschlitzen und das Mark herauskratzen.

2 Butter, beide Zuckersorten und Vanillemark mit den Quirlen des Handrührgeräts oder dem Flachrührer der Küchenmaschine in mind. 3 Min., besser 5 Min. hell und cremig aufschlagen. Das Salz dazugeben, Mehl und Stärke darübersieben und nur so lange unterrühren, bis eine einheitliche Teigkonsistenz entstanden ist.

3 Die Hälfte des Teiges abnehmen und eine Hälfte der Form damit füllen – mit der Fingern in die Form drücken. Mohn und Zitronenschale zum übrigen Teig geben, kurz von Hand oder mit der Maschine in den Teig einkneten und ebenfalls in die Form drücken. Mit Gabelzinken ein dekoratives Muster hineindrücken.

4 Form in den Ofen (Mitte, Umluft 140°) schieben und das Shortbread ca. 50 Min. backen – es soll nicht bräunen, sondern nur einen zarten Goldton annehmen.

5 Form aus dem Ofen holen, Springformrand lösen und das Shortbread noch heiß mit einem Messer in Portionsgröße (ca. 2 x 6 cm) schneiden. Sobald es ein wenig abgekühlt ist und nicht mehr bricht, auf ein Kuchengitter setzen und vollständig auskühlen lassen. Luftdicht in Dosen verschlossen hält es einige Wochen.

* Auch eine kleine Brownieform (20 x 20 cm) eignet sich, das Shortbread wird dann nur ein wenig dünner und die Backzeit muss um wenige Minuten reduziert werden. Hier darauf achten, dass die Form einen entnehmbaren Boden hat, da das Shortbread, solange es noch heiß ist, sehr leicht bricht. Hat man keine solche Form, das Shortbread besser direkt in der Form schneiden.

In einer traditionellen bayrischen Konditorei gehört die Biskuitroulade fast zum Inventar, meist gefüllt mit Schlagsahne und frischen Früchten. Bestückt man sie dagegen mit Konfitüre, wird daraus ein perfekter Kaffee- oder Teebegleiter, wenn sich überraschend Gäste angesagt haben. Vorausgesetzt man hat die Zutaten im Haus, dauert es keine halbe Stunde, bis dieses luftige Gebäck fix und fertig auf dem Tisch steht.

30-Minuten-Biskuitroulade

MENGE 1 Roulade (12–14 Stück) | ZUBEREITUNGSZEIT ca. 30 Min.
SAISON ganzjährig | SCHWIERIGKEITSGRAD ✱✱✲

6 Eier (L) oder 7 Eier (M)
1 Prise Salz
90 g Zucker
1 EL Sonnenblumenöl
90 g Mehl
200 g Konfitüre oder Gelee*

Außerdem:
Zucker zum Arbeiten
Puderzucker zum Bestäuben

1   Den Backofen auf 200° (Umluft 180°) vorheizen und ein Backblech mit Backpapier auslegen.

2   Die Eier trennen. Die Eiweiße in einer sauberen, fettfreien Schüssel mit dem Salz zu steifem Eischnee schlagen. In einer zweiten Schüssel die Eigelbe mit dem Zucker 3–5 Min. aufschlagen, bis die Masse hell und dickcremig ist, dann das Öl unterrühren. Mehl über die Eiermasse sieben und nur so lange unterrühren, bis keine Mehlnester mehr zu sehen sind. Ein Drittel des Eischnees untermengen, um die Masse aufzulockern, dann den restlichen Eischnee behutsam unterheben (es soll so viel Luft wie möglich im Teig bleiben), bis keine größeren Eischneeflecken mehr sichtbar sind.

3   Den Teig sofort auf das vorbereitete Blech geben und mit einem großen Messer oder einer Palette glatt bis in die Ecken streichen. Im Ofen (Mitte) ca. 10 Min. backen, bis der Teig schön aufgegangen und goldbraun ist und auf Fingerdruck nicht mehr nachgibt. Inzwischen ein großes Küchentuch auf der Arbeitsfläche ausbreiten und dünn mit Zucker bestreuen.

4   Das Blech aus dem Ofen nehmen und den Biskuit auf das Tuch stürzen – dazu einfach an zwei Ecken des Backpapiers anfassen und vom Blech heben. Heißen Biskuit 1 Min. mit einem zweiten feuchten Küchentuch (erleichtert das Abziehen) bedecken, dann das Tuch wieder herunternehmen und das Backpapier abziehen.

5   Die Konfitüre oder das Gelee gut durchrühren und mit einem Messer oder einer Palette nicht zu dick auf dem Biskuit verteilen, dabei rundherum einen kleinen Rand von 1–2 cm aussparen. Dann den Biskuit mit Hilfe des Tuchs von einer Längsseite her möglichst eng zu einer Roulade aufrollen und mit der Nahtstelle nach unten auf eine Kuchenplatte setzen. Roulade kurz abkühlen lassen, dann mit dem Puderzucker bestäuben. Schmeckt am besten frisch gebacken.

Bei der Konfitüre unbedingt darauf achten, dass sie weder zu stückig ist, noch viele Kerne enthält – beides schmälert Optik und Genuss. Bei den Sorten ist erlaubt, was schmeckt. Ich bevorzuge leicht säuerliche Konfitüren oder Gelees etwa mit Johannisbeeren, Himbeeren oder Aprikosen.

Meringue-Tarteletts

MENGE 12–16 Stück | **ZUBEREITUNGSZEIT** ca. 1 Std. plus 1½ Std. Kühlen und 15–18 Min. Backen
SAISON ganzjährig | **SCHWIERIGKEITSGRAD** ✻✻✻

Für die Tarteletts: 125 g Mehl | 25 g Puderzucker | 1 Prise feines Meersalz
75 g kalte Butter | 1 Eigelb (M) | 1–2 TL kalte Sahne

Für die Füllung: 60 ml Passionsfruchtpüree oder -saft (siehe * auf Seite 98)
3 Eigelb (L) | 60 g Zucker | optional: Mark von ½ Vanilleschote | 40 g Butter

---

Für die Meringue: 2 Eiweiß (L) | ¼ TL Backpulver | 1 Prise feines Meersalz | 75 g Zucker

---

Außerdem: 12–16 Tartelett-Förmchen (5–6 cm Ø, ersatzweise 12er-Muffinblech)
Fett für die Förmchen | Mehl zum Arbeiten | Spritzbeutel mit großer Sterntülle

1 Für die Tarteletts Mehl, Zucker, Salz und Butter in Flöckchen in die Schüssel der Küchenmaschine* (mit Schneideeinsatz) geben und mit der Pulse-Funktion kurz durchmixen, bis die Butterstücke Erbsengröße haben. Eigelb und die Sahne dazugeben und wenige Sekunden untermixen, bis sich gerade ein Teigkloß bildet. Auf die Arbeitsfläche geben, ganz kurz mit den Händen durchkneten und zu einer flachen Teigplatte formen. In Folie gewickelt mind. 1 Std. kühlen.

2 Dann Backofen auf 180° (Umluft 160°) vorheizen, die Förmchen einfetten. Den Teig auf der bemehlten Arbeitsfläche ca. 4 mm dünn ausrollen und mit einem runden Ausstecher oder einem Glas (7–8 cm Ø) Kreise ausstechen. Die Teigkreise behutsam in die Förmchen drücken, dabei einen 2 cm hohen Rand formen. Die Förmchen ca. 30 Min. in den Kühlschrank stellen (oder 15 Min. ins Gefrierfach). Anschließend mit den Gabelzinken noch ein paar Löcher in den Boden drücken und die Tarteletts im Ofen (Mitte) in 15–18 Min. goldbraun backen. Herausnehmen und kurz abkühlen lassen, aus den Förmchen lösen und auf einem Kuchengitter auskühlen lassen. (In einem luftdichten Behälter lagern.)

3 Für die Füllung Passionsfruchtpüree oder -saft, Eigelbe, Zucker und eventuell das Vanillemark in eine Metallschüssel geben und über dem heißen Wasserbad so lange rühren, bis sich der Zucker aufgelöst hat. Dann Butter in Flöckchen dazugeben und unterrühren, bis die Fruchtbutter eingedickt ist und eine puddingartige Konsistenz hat (kann über 10 Min. dauern!). Heiß durch ein Sieb gießen, direkt in die gebackenen Tarteletts füllen (oder bis zum Füllen im Kühlschrank aufbewahren). Gefüllte Tarteletts abgedeckt kalt stellen.

4 Den Backofen auf 200° (mit Grill) vorheizen. Für die Meringue Eiweiße, Backpulver und Salz mit den Quirlen der Küchenmaschine steif schlagen, dabei gegen Ende Zucker einrieseln lassen und die Masse in 3–5 Min. auf hoher Stufe glänzend schlagen. Die Meringue-Masse in den Spritzbeutel füllen und als Tupfen auf die Tarteletts spritzen. Im Ofen (Mitte) leicht anbräunen – Vorsicht, das geht rasend schnell! Und aufessen!

Ohne Küchenmaschine werden Butterflocken und Mehl-Zucker-Gemisch mit kalten Händen zu Bröseln gerieben, bevor Eigelb und Sahne schnell eingearbeitet werden. Nicht zu viel kneten!

Diese kleinen Verführungen brauchen Zeit und Geduld, aber da man sowohl die Tarteletts als auch die Füllung schon am Vortag zubereiten kann, lässt sich der Aufwand gut aufteilen. Nur die Meringue-Tupfen sollten unbedingt ganz frisch gemacht werden.

Schokoholics Pralinentarte
Ohlala!

MENGE 1 Tarte (ca. 16 Stück) | **ZUBEREITUNGSZEIT** ca. 45 Min. plus 32–35 Min. Backen und 2 Std. Kühlen
SAISON ganzjährig | **SCHWIERIGKEITSGRAD** ✶✶✶

Für den Boden: 75 g Butter | 125 g Vollkornbutterkekse
25 g Nüsse (z. B. Pekan-, Wal- oder Haselnüsse) | 1 EL dunkelbrauner Rohrohrzucker (z. B. Muscovado)
2 EL schwach entöltes Kakaopulver | 1–2 Prisen feines Meersalz

---

Für die Füllung: 175 g Zartbitterschokolade (50–60 % Kakaoanteil)*
200 g Sahne | 1 EL Vanillezucker | ½ TL lösliches Kaffeepulver oder 1 TL Kaffeelikör
1 Ei (M) | 1 Eigelb (M)

Für den Guss: 50 g Zartbitterschokolade (50–60 % Kakaoanteil)
40 g Sahne | 1½ EL Ahornsirup

Außerdem: Tarteform (20 cm Ø, am besten mit herausnehmbarem Boden)
Butter für die Form | optional Schlagsahne und Früchte zum Servieren

1 Backofen auf 180° (Umluft 160°) vorheizen, Form mit Butter einfetten. Für den Boden Butter schmelzen. Kekse, Nüsse und Zucker im Blitzhacker fein mahlen, Kakao und Salz dazugeben, zuletzt die geschmolzene Butter kurz untermixen, bis eine krümelige Masse entsteht. In die Form schütten und mit den Fingern gleichmäßig hineindrücken, dabei einen ca. 2 cm hohen Rand formen. Im Ofen (Mitte) 12–15 Min. backen, herausnehmen und bis zur Verwendung zur Seite stellen.

2 Für die Füllung Schokolade fein hacken und in eine Schüssel geben. Sahne, Vanillezucker und Kaffeepulver oder -likör zum Kochen bringen, über die Schokolade gießen, 5 Min. stehen lassen, dann erst glatt rühren. Ei und Eigelb gut unterrühren. Die Füllung auf dem Tarteboden gleichmäßig verteilen. Im Ofen (Mitte) backen, nach ca. 20 Min. ist die Füllung fest. Herausnehmen und abkühlen lassen.

3 Für den Guss Schokolade fein hacken und in eine Schüssel geben. Sahne aufkochen und über die Schokolade gießen, 5 Min. stehen lassen, erst dann umrühren, bis eine samtige Creme entsteht. Zuletzt noch den Ahornsirup untermischen.

4 Den Guss mittig auf die Tarte gießen und diese so lange drehen und leicht kippen, bis der Guss die Tarte gleichmäßig überzieht.** Die Pralinentarte 2 Std. im Kühlschrank durchziehen lassen. Mindestens 30 Min. vor dem Servieren aus dem Kühlschrank nehmen und eventuell mit Schlagsahne und Früchten servieren.

Wer es lieber süßer mag, ersetzt bei der Füllung 75 g der Zartbitterschokolade durch Vollmilchschokolade.
**Die Bewegung ähnelt dem Pfannkuchenformen in der Pfanne. Natürlich lässt sich der Guss auch mittels einer Palette auf der Tarte verteilen, er wird dann aber nicht so schön glatt.*

Der Name dieser Schokoladentarte ist Programm – sie wird nur in kleinen, feinen Stückchen konsumiert, denn eigentlich ist sie nichts anderes als eine ziemlich große Praline für echte Schokoholics. Die allerbeste Schokolade ist dafür gerade gut genug, Valrhona, Felchlin oder natürlich auch die eigene Lieblingsschokolade. Wichtig ist nur, dass sie nicht zu bitter ist, da die Tarte ansonsten kaum Zucker enthält.

Schon immer habe ich eine Schwäche für frittiertes Hefegebäck. Umso mehr freut es mich, dass scheinbar jede Länderküche ihr eigenes Schmalzgebäck pflegt. Diese kleinen italienischen Krapfen sind gerade so groß, dass man ungeniert auch einen zweiten oder dritten verspeisen darf.

Bomboloni

ITALIENISCHE MINI-KRAPFEN

MENGE 22–24 Stück | **ZUBEREITUNGSZEIT** ca. 45 Min. plus 1¼–1½ Std. Gehen
SAISON ganzjährig | **SCHWIERIGKEITSGRAD** ✸✸✸

Für den Teig: 275 g Mehl | ½ Würfel Hefe (ca. 20 g)
⅛ l Milch | 50 g Butter | 1 EL Vanillezucker | 3 Eigelb (M oder L)
¼–½ TL abgeriebene Bio-Zitronenschale | 1 Prise feines Meersalz

---

Außerdem: Mehl zum Arbeiten | 100 g Zucker zum Wälzen
gut 750 g Fett zum Frittieren (z. B. Butterschmalz oder Olivenöl)

1 Für den Teig das Mehl in die Schüssel der Küchenmaschine geben (alternativ Handrührgerät nehmen), eine Vertiefung in die Mitte drücken und Hefe hineinkrümeln. Milch lauwarm erhitzen, über die Hefe gießen und umrühren. Den Vorteig abgedeckt ca. 15 Min. gehen lassen, bis sich erste Blasen an der Oberfläche zeigen. Inzwischen Butter schmelzen und abkühlen lassen.

2 Alles mit den Knethaken bei niedriger Geschwindigkeit verkneten, dabei Vanillezucker, Eigelbe, Butter, Zitronenschale und Salz dazugeben. Teig mind. 5 Min. kneten, ist er noch sehr klebrig, esslöffelweise noch etwas Mehl einarbeiten. Abgedeckt an einem warmen Ort in 45–60 Min. zu doppelter Größe aufgehen lassen.

3 Dann den Teig auf eine bemehlte Arbeitsfläche geben, behutsam ein wenig Luft herausdrücken und mit einem Esslöffel (oder einem Eiskugelportionierer) kleine Teigportionen abstechen. Diese zu kleinen Bällchen (max. 4 cm Ø) formen. Je runder und gespannter die Oberfläche ist, umso schöner sehen die frittierten Krapfen später aus.

4 Die Teigkugeln auf einem bemehlten Backblech noch mal abgedeckt gut 15 Min. gehen lassen. Zucker zum Wälzen in eine kleine Schüssel geben. Inzwischen das Fett in einem hohen Topf auf 175° erhitzen (einen Holzkochlöffelstiel hineinhalten – wenn sich daran sofort kleine Bläschen bilden, ist das Fett heiß genug).

5 Die Teigkugeln portionsweise in das Fett geben und frei schwimmend in 2–3 Min. goldbraun frittieren. Dabei häufig mit einem Kochlöffel drehen, damit sie eine gleichmäßige Farbe annehmen. Die Bomboloni herausnehmen und kurz auf Küchenpapier abtropfen lassen, dann noch heiß im Zucker wälzen.

TIPP: Sollen die Bomboloni noch eine Füllung bekommen, lässt man sie komplett auskühlen, bevor man ihnen mit Spritzbeutel und dünner Fülltülle etwas Konfitüre oder Gelee hineinspritzt. Aber auch eine Puddingcreme, Lemoncurd oder eine Nussnugatcreme schmecken hervorragend.

GARTENFEST
Kühle Überraschungen

Passionsfrucht-Cupcakes
mit Himbeerfrosting

MENGE 11–12 Stück | **ZUBEREITUNGSZEIT** ca. 40 Min. plus 20–24 Min. Backen
SAISON ganzjährig | **SCHWIERIGKEITSGRAD** ✱✱✱

Für den Teig: 100 g zimmerwarme Butter
125 g Zucker | 2 Eier (M) | 70–80 ml Passionsfruchtpüree oder -saft*
125 g Mehl | 25 g Speisestärke | ½ TL Backpulver
¼ TL Natron | 2 EL Sahne oder Buttermilch

Für das Frosting und Finish: 200 g weiche, aber noch kühle Butter
2 EL Himbeerkonfitüre | 1 EL frisch gepresster Zitronensaft | 175–200 g Puderzucker
optional: Lebensmittelfarbe und bunte Zuckerperlen

Außerdem: 12er-Muffinblech und 11–12 Papier-Muffinförmchen
Spritzbeutel mit großer Sterntülle

1 Den Backofen auf 180° (Umluft 160°) vorheizen, Muffinblech mit den Papierförmchen auslegen. Für den Teig Butter mit den Quirlen des Handrührgeräts oder der Küchenmaschine cremig schlagen, dann den Zucker dazugeben und alles weitere 3 Min. auf hoher Stufe schlagen. Eier einzeln dazugeben und gut unterrühren, dann Passionsfruchtpüree oder -saft (der Teig mag geronnen aussehen, das legt sich aber wieder). Mehl, Stärke, Backpulver und Natron über die Creme sieben und nur so lange auf niedriger Stufe einarbeiten, bis ein glatter Teig entsteht. Zuletzt die Sahne oder Buttermilch unterrühren.

2 Den Teig mit einem Teelöffel in die Förmchen verteilen, dabei maximal zu drei Vierteln füllen. Im Ofen (Mitte) in 20–24 Min. goldbraun backen (die Stäbchenprobe durchführen, siehe * Seite 80). Die Cupcakes aus dem Ofen nehmen und kurz abkühlen lassen, dann aus der Form lösen und auf einem Kuchengitter vollständig auskühlen lassen.

3 Inzwischen das Frosting zubereiten. Butter in 5 Min. hell und cremig aufschlagen, am besten mit den Quirlen der Küchenmaschine. Die Konfitüre durch ein Sieb passieren, um die Kernchen zu entfernen, dann mit Zitronensaft unter die Butter rühren. Puderzucker dazugeben und alles erst langsam, dann bei hoher Geschwindigkeit in mind. 3 Min. cremig schlagen. Ist die Konsistenz zu weich, noch etwas Puderzucker dazugeben. Wer das Frosting richtig bunt möchte, muss jetzt mit ein paar Tropfen Lebensmittelfarbe nachhelfen. Frosting in den Spritzbeutel füllen, Cupcakes mit kleinen Tupfen oder einer großen Rosette verzieren. Zum Schluss nach Belieben mit Zuckerperlen bestreuen. Wer mag, stellt die Cupcakes etwas kühl, dann wird das Frosting fester.

* Passionsfruchtpüree oder -saft gibt es fertig online und in sehr gut sortierten Supermärkten zu kaufen. Oder selbst machen: Die Passionsfrüchte halbieren, das Fruchtfleisch samt Kernen aus den Hälften löffeln, in ein Sieb geben und durchpassieren (die Kerne entsorgen). 4–7 Früchte ergeben 70–80 ml Püree bzw. Saft.

Nach dem Erfolg der »Magnolia Bakery« in New York City mit ihren Cupcakes haben diese einen Siegeszug rund um den Globus angetreten – und keiner kann sie stoppen. Immer öfter laufen die zuckersüßen Kunstwerke auf Partys und Hochzeiten sogar den tollsten Torten den Rang ab. Aber man darf sich nicht täuschen lassen, auch wenn sie klein sind: Vor allem das Frosting obendrauf hat es in sich – Buttercreme de luxe!

Diese Sommervariante des gehaltvollen American Cheesecakes ist in wenigen Minuten zusammengerührt und schmeckt auch als Eis am Stiel wunderbar cremig. Der Clou sind die fruchtigen Streifen!

Käsekuchen-Steckerleis
mit Erdbeerstreifen

MENGE 4 Stück | **ZUBEREITUNGSZEIT** ca. 15 Min. plus 12 Std. Tiefkühlen
SAISON ganzjährig | **SCHWIERIGKEITSGRAD** ✱✱✱

½ Bio-Limette oder Bio-Zitrone
125 g Doppelrahm-Frischkäse (keinen fettreduzierten!)
125 g Schmand oder Crème fraîche
75 g Sahne
50 g (Vanille-)Zucker
ca. 50 g Erdbeerkonfitüre

Außerdem:
4 Eis-am-Stiel-Förmchen (je 80–100 ml)
4 Eisstäbchen aus Holz

1 Limette oder Zitrone heiß waschen und abtrocknen, die Schale fein in eine Schüssel abreiben. Den Frischkäse mit Schmand oder Crème fraîche dazugeben, mit den Quirlen des Handrührgeräts oder mit dem Schneebesen glatt verrühren. Die Sahne und den Zucker dazugeben und alles so lange durchrühren, bis sich der Zucker aufgelöst hat.

2 Die Erdbeerkonfitüre glatt verrühren, löffelweise über der Käsekuchencreme verteilen und diese nur einmal ganz kurz durchrühren – sonst gibt es keine schönen Streifen in dem Eis.* Die Creme in die Eisförmchen löffeln. Da die Masse relativ fest ist, kann man die Holzstäbchen auch gleich hineinstecken – ohne ein vorheriges Anfrieren.

3 Die Förmchen ins Tiefkühlfach stellen und das Eis in ca. 12 Std. (am besten über Nacht) gefrieren lassen. Zum Aus-der-Form-Lösen das Steckerleis einfach kurz unter heißes Wasser halten.

* Wer den Extra-Aufwand nicht scheut, kann auch die pure Cheesecake-Masse abwechselnd mit der glatt gerührten Erdbeerkonfitüre in einen Spritzbeutel geben – so lassen sich die Eisförmchen besonders leicht befüllen.

TIPP: »Erdbeere« ist zwar die klassische Kombination zu einem Cheesecake, trotzdem darf man bei der Konfitüre gerne experimentieren – Heidelbeere, Brombeere oder Himbeere harmonieren ebenfalls sehr gut, allerdings sollte man letztere durch ein Sieb streichen, um störende Kernchen im Eis zu vermeiden.

Rote Grütze
mit Kokos-Crème-Anglaise

MENGE 4–6 Portionen | **ZUBEREITUNGSZEIT** ca. 30 Min. plus 2 Std. Kühlen
SAISON Sommer | **SCHWIERIGKEITSGRAD** ✷✷✷

Für die Grütze:
400 g rote Früchte (z. B. Johannisbeeren, Himbeeren, Brombeeren, Erdbeeren, Sauerkirschen)
50 g (Vanille-)Zucker (wer mag, gerne auch mehr)
⅛ ml roter Fruchtsaft (z. B. Kirschsaft) | 1 EL Speisestärke

Für die Creme:
1 Vanilleschote | 75 g Zucker | ¼ l Milch | ¼ l Kokosmilch
1 Prise Salz | 4 Eigelb (M)

1 Für die Grütze die Früchte verlesen, wenn nötig abbrausen und abtropfen lassen. Die Johannisbeeren von den Rispen streifen, Erdbeeren von den Stielansätzen befreien, Kirschen entstielen. 100 g besonders schöne Beeren beiseitestellen.

2 Übrige Beeren und die Kirschen mit Zucker und Saft in einen großen Topf geben und unter Rühren aufkochen lassen. Die Stärke mit 2–3 EL kaltem Wasser glatt rühren, dann in die leicht köchelnden Früchte einrühren und noch 1 Min. kochen lassen. Topf vom Herd ziehen und die beiseitegestellten Beeren einrühren – auf diese Weise behalten sie ihre Form. Die rote Grütze mind. 2 Std. abgedeckt kalt stellen.

3 Für die Creme die Vanilleschote längs aufschlitzen und das Mark herauskratzen. Beides mit Zucker, Milch, Kokosmilch und dem Salz in einen Topf geben und zum Kochen bringen, vom Herd nehmen. Die Eigelbe in eine kleine Schüssel geben und verrühren. Von der Vanillemilch 4–5 EL abnehmen und langsam unter Rühren zu den Eigelben geben.

4 Die Eiermilch zurück in die Vanillemilch gießen, den Topf bei geringer bis mittlerer Hitze zurück auf den Herd stellen. Wichtig: Die Creme nun ununterbrochen mit einem Gummispatel rühren, damit nichts ansetzt, während sie langsam merklich eindickt (5–10 Min.). Denn: Bei zu großer Hitze wird schnell Rührei daraus.

5 Die Vanilleschote entfernen. Die Creme durch ein Sieb streichen und in einer Schüssel auffangen, unter der sich Eiswürfel oder sehr kaltes Wasser befinden. Die Creme kalt rühren, damit sich keine Haut bilden kann. Rote Grütze in Portionsschälchen anrichten und mit der Kokos-Crème-Anglaise servieren.

TIPP: Crème Anglaise (klassisch wird sie ausschließlich mit Kuhmilch zubereitet) lässt sich ganz leicht aromatisieren, dazu etwa ein paar Streifen Bio-Zitrusschale in der Milch mitziehen lassen oder Gewürze wie Zimt und Kardamom.
Simpel und schnell: Rote Grütze statt mit der Crème einfach mit einem Klecks flüssiger Sahne anrichten. Schmeckt unwiderstehlich!

Klassiker wie rote Grütze werden gerne unterschätzt, zu oft versteckt sich dahinter ein lieblos zusammengerührter Einheitsbrei à la Kantinenessen aus nicht mehr definierbaren Früchten. Aber mit erntefrischem Obst – auch in der Stadt finden sich Felder zum Selberpflücken! – und einer samtigen Kokos-Crème-Anglaise kombiniert, wird daraus ein extrafeines Sommerdessert.

Kamillenblüteneis
mit Holunderbeersirup

MENGE 4–6 Portionen | **ZUBEREITUNGSZEIT** ca. 1 Std. plus 12 Std. Kühlen und 5–6 Std. Tiefkühlen
SAISON ganzjährig | **SCHWIERIGKEITSGRAD** ✶✶✶

Für das Eis: 175 ml Milch | 350 g Sahne
1 Prise Salz | 75 g Zucker | 25 g Honig
3–4 EL getrocknete Kamillenblüten (ersatzweise 3 Beutel Kamillentee)
4 Eigelb (M oder L)

Für den Sirup: 10–14 Dolden Holunderbeeren* (ca. 175 g) | 25 g Zucker
25 g Vanillezucker | 1 TL frisch gepresster Zitronensaft

1 Für das Eis Milch, 175 g Sahne, Salz, Zucker und Honig in einen Topf geben und zum Kochen bringen, vom Herd nehmen. Die Kamillenblüten einrühren und mind. 30 Min. in der Sahnemilch ziehen lassen, dann durch ein feines Sieb abseihen, die Blüten gut ausdrücken.

2 Zwischendurch für den Sirup Holunderbeeren mit einer Gabel von den Dolden abstreifen, verlesen, von den Stielansätzen befreien. Beeren (es sollten 125 g sein) im Sieb abbrausen, in einen Topf geben. Zucker, Vanillezucker, Zitronensaft und 100 ml Wasser zugeben. Alles erhitzen und 5 Min. sprudelnd kochen lassen. Ein feines (Metall-)Sieb in eine Schüssel hängen, Holundermischung hineingießen (vorsichtig, Holunder hinterlässt hartnäckige Flecken!) und mit einer Schöpfkelle durchpassieren. Den Sirup abgedeckt kalt stellen.**

3 Eigelbe in einer großen Schüssel verrühren. Die Kamillensahne unter Rühren langsam dazugießen. Eiersahne zurück in den gesäuberten Topf gießen und unter Rühren bei mittlerer Hitze eindicken lassen. Am besten eignet sich fürs Rühren ein Gummispatel, so setzt nichts am Boden an, während die Creme langsam fester wird.

(Wichtig: Hier ist Geduld gefragt, bei zu großer Hitze oder nachlässigem Rühren wird die Creme schnell zu Rührei – wenn das passiert, durch ein Sieb gießen, so ist nicht alles verloren.) Topf vom Herd nehmen, Creme durch ein Sieb gießen, restliche Sahne einrühren. Im Kühlschrank mind. 12 Std. durchziehen lassen.

4 Die Kamillencreme entweder in die Eismaschine geben und gemäß Bedienungsanleitung zu Eis verarbeiten. Oder die Creme in einem abdeckbaren Behälter ins Tiefkühlfach stellen, ca. 1 Std. anfrieren lassen und dann alle 30–60 Min. mit einer Gabel gut durchrühren (4–6 Std. lang). Hat die Masse die gewünschte cremige Konsistenz, in einen verschließbaren Behälter umfüllen und dabei immer wieder mit etwas Holunderbeerensirup beträufeln. Bis zum Servieren ins Tiefkühlfach geben, vor dem Portionieren kurz antauen lassen.

Wer keine frischen Holunderbeeren bekommt (oder im Winter Lust auf dieses Eis hat), kann Holunderbeerensaft kaufen, 200 ml abmessen und um die Hälfte einkochen lassen.
**Wer den Sirup dickflüssiger bevorzugt, reduziert ihn noch ein. In sterilisierten Flaschen und gut gekühlt ist er monatelang haltbar.*

Holunderblüten sind seit ein paar Jahren wieder groß in Mode, dabei schmecken die im August reifenden Beeren mindestens genauso gut. Zugegeben, es ist eine Mordsarbeit sie zu verlesen, aber nach dem ersten Löffel Sirup ist das rasch vergessen. Und erst recht in Kombination mit cremigem Kamillenblüteneis!

Sommerlimonaden

Hausgemachte Limonaden sind schnell zubereitet (unbedingt aromatische, reife Früchte verwenden!) und das i-Tüpfelchen für jede Gartenparty. Dafür den gekühlten Sirup nach Belieben mit Mineralwasser aufgießen, Eiswürfel dazu, fertig! Ein paar Kräuterstängel oder Zitronenscheiben im Glas oder Krug machen sich toll als Deko.

Kräuterlimo

MENGE ca. 700 ml Sirup | **ZUBEREITUNGSZEIT** ca. 20 Min. plus 3 Std. Ziehenlassen
1 Stück Ingwer (2–3 cm) | 2 Bio-Zitronen oder 4 Bio-Limetten | 250 g Zucker | 2 EL getrocknete Kamillenblüten
Blättchen von 1 Zweig Rosmarin | 25 g gemischte Kräuterblättchen (z. B. Minze, Zitronenverbene, Melisse)

Ingwer waschen und in dünne Scheiben scheiden. 1 Zitrone oder Limette heiß waschen, abtrocknen und die Schale hauchdünn abschälen. Beides mit Zucker, 400 ml Wasser, Kamillenblüten und Rosmarin in einen Topf geben. Gemischte Kräuterblättchen grob zerzupfen und ebenfalls dazugeben. Alles zum Kochen bringen, dann vom Herd nehmen und abgedeckt mind. 3 Std. ziehen lassen. Den Ansatz durch ein mit einem Passiertuch ausgelegtes Sieb gießen. Übrige Zitrone oder Limetten auspressen und den Saft (80–100 ml) untermischen.

Zwetschgen-Pflaumen-Limonade

MENGE ca. 500 ml Sirup | **ZUBEREITUNGSZEIT** ca. 20 Min.
150 g Zwetschgen | 150 g Pflaumen | 100 g Zucker | frisch gepresster Saft von 1 Zitrone

Zwetschgen und Pflaumen waschen, halbieren, entsteinen und in Spalten schneiden. Zusammen mit dem Zucker und 300 ml Wasser zum Kochen bringen und 5 Min. sprudelnd kochen lassen. Durch ein mit einem Passiertuch ausgelegtes Sieb gießen, dann den Zitronensaft unterrühren.

Grapefruit-Ingwer-Limonade

MENGE ca. 600 ml Sirup | **ZUBEREITUNGSZEIT** ca. 15 Min. plus 15–30 Min. Ziehenlassen
1 Stück Ingwer (3–4 cm) | ¼ l frisch gepresster Pink-Grapefruit-Saft (von ca. 3 Früchten)
Blättchen von 1 Zweig Rosmarin | 250 g Zucker

Ingwer waschen und in dünne Scheiben scheiden. Mit Grapefruitsaft, Rosmarin, Zucker und ¼ l Wasser zum Kochen bringen. Vom Herd nehmen, 15–30 Min. ziehen lassen, dann durch ein feines Sieb gießen.

Milchreis als Eis am Stiel? Das klingt erst mal ungewöhnlich, ist aber gerade für die heißen Sommermonate ein perfekter Snack zum Länger-dran-Knabbern. Kardamom und Kokosmilch sorgen für eine fernöstliche Note.

Orientalisches Milchreiseis
mit Pfirsichen und Safran

MENGE 6 Stück | **ZUBEREITUNGSZEIT** ca. 30 Min. plus 12 Std. Tiefkühlen
SAISON Sommer und Herbst | **SCHWIERIGKEITSGRAD** ✳︎✳︎✳︎

4 grüne Kardamomkapseln | gut 2 EL Zucker | 8–10 Safranfäden
ca. ¼ l Milch (mind. 3,5 % Fett) | ¼ l Kokosmilch
1 Prise Salz | 100 g Milchreis | 2–3 Pfirsiche (ca. 300 g, auch fein: Nektarinen)
2 EL frisch gepresster Orangensaft (ersatzweise Wasser)
100 g gesüßte Kondensmilch (z. B. Milchmädchen)

Außerdem: 6 Eis-am-Stiel-Förmchen (80–100 ml) und 6 Eisstäbchen aus Holz

1 Kardamomkapseln aufbrechen, die dunklen Samen herauslösen und mit ¼ TL Zucker und den Safranfäden in einem Mörser fein mahlen. Milch, Kokosmilch und Kardamom-Safran-Zucker in einem großen Topf zum Kochen bringen, salzen und Milchreis dazugeben. Alles bei geringer bis mittlerer Hitze leicht köcheln lassen, dabei regelmäßig umrühren, damit der Reis nicht am Boden anhaftet (passiert innerhalb kürzester Zeit).

2 Inzwischen die Pfirsiche halbieren, entsteinen, schälen und in dünne Spalten schneiden. Zusammen mit Orangensaft und übrigem Zucker in einem kleinen Topf aufkochen und in 6–8 Min. bei mittlerer Hitze weich köcheln. Je nach Vorliebe mit einem Stabmixer fein zerkleinern oder stückig lassen, zur Seite stellen.

3 Spätestens nach 20 Min. den ersten Bisstest machen: Der Reis muss richtig weich sein (andernfalls ist er in gefrorenem Zustand zu hart), sonst noch kurz weiterköcheln lassen. Die Reismasse ist zu diesem Zeitpunkt schon ziemlich zäh und trocken. Wenn es unbedingt nötig ist, kann man noch ein wenig Milch zufügen. Vom Herd nehmen, sobald der Reis gar ist, und die Kondensmilch unterrühren. Zur Seite stellen.

4 Die Pfirsichmasse über den Milchreis gießen und nur grob unterrühren – so entsteht im späteren Eis ein marmoriertes Muster. Milchreis mit einem Löffel in die Eisförmchen füllen, die Holzstäbchen hineindrücken. Die Förmchen ins Tiefkühlfach stellen und das Eis in ca. 12 Std. (am besten über Nacht) gefrieren lassen. Zum Lösen aus den Förmchen das Steckerleis einfach kurz unter heißes Wasser halten oder zwischen den Händen wärmen.

TIPP: Der Milchreis und das Pfirsichkompott lassen sich auch frisch gekocht genießen. Oder in kleine Joghurtgläschen schichten, Folie darüberspannen und Küchengarn drumwickeln – und schon wartet die nächsten beiden Tage ein hausgemachter Snack im Kühlschrank auf den kleinen Hunger ...

Vor Jahren hat meine liebe Freundin Johanna immer heiße Ware aus London mitgebracht – der Likör »Pimm's No 1« war außerhalb Großbritanniens relativ unbekannt. Inzwischen ist das kein Thema mehr und Pimm's-Cocktails finden sich in jeder guten Bar. Wenn man das Cocktail-Konzept nun aber umdreht – weniger Alkohol, mehr Frucht – dann wird daraus ein wunderbar herb-frischer Sommersalat.

Pimm's Melonensalat
mit Minzesirup

MENGE 4–6 Portionen | **ZUBEREITUNGSZEIT** ca. 30 Min. plus 2 Std. Kühlen
SAISON Sommer | **SCHWIERIGKEITSGRAD** ✱✱✱

Für den Sirup:
75 g Zucker | 1 Bund Minze
frisch gepresster Saft von ½ Zitrone

Für den Salat:
400–500 g Melonenfleisch (je nach Verfügbarkeit Cantaloupe-, Galia- und Wassermelone)
150 g Erdbeeren | 1 Stück Salatgurke (ca. 50 g) | Pimm's No 1* nach Geschmack

1 Für den Sirup ⅛ l Wasser und den Zucker in einem kleinen Topf zum Kochen bringen und kochen lassen, bis sich der Zucker vollständig aufgelöst hat.

2 Die Minze abbrausen und trocken schütteln. Eine ordentliche Handvoll Minzeblätter abzupfen (noch nicht alle aufbrauchen!), grob zerreißen und unter den Sirup rühren. Sirup mind. 20 Min. ziehen lassen, dann durch ein Sieb gießen (Blätter entsorgen) und kalt stellen.

3 Inzwischen für den Salat das Melonenfleisch von den Kernen befreien und in dekorative, gleich große Stücke schneiden, etwa in Würfel.** Die Erdbeeren waschen, von den Stielansätzen befreien und vierteln. Die Gurke waschen, in dicke Scheiben schneiden und diese vierteln oder achteln. Früchte und Gurkenstücke in einer großen Schüssel vermengen.

4 Weitere 15–20 Minzeblätter von den Stängeln abzupfen, zum gekühlten Sirup geben und mit einem Stabmixer fein pürieren, Zitronensaft unterrühren. Den Sirup über den Melonensalat gießen und mind. 2 Std. im Kühlschrank durchziehen lassen. Dann den Salat in kleine Portionsschälchen geben und jeweils mit 1–2 EL (oder auch etwas mehr) Pimm's beträufeln.

* Pimm's No 1 bekommt man in gut sortierten Spirituosenfachgeschäften oder großen Supermärkten, notfalls lässt er sich durch Gin ersetzen. Natürlich kann der Fruchtsalat auch ohne Alkohol zubereitet werden.
** Besonders dekorativ sind Melonenkugeln als Salat. Mit einem Melonenausstecher (Küchenfachgeschäft) und ein wenig Übung gelingen besonders dekorative Kugeln. Dazu den Ausstecher mit der offenen Seite relativ fest ins Fruchtfleisch drücken (Spritzgefahr!), dann erst in sich drehen.

Dass Kaffee und Schokolade gut miteinander harmonieren, ist kein Geheimnis. Kombiniert man beide Geschmacksrichtungen mit einer Puddingcreme, wird daraus eine praktische Alternative zum sommerlichen Eiskaffee. Macht süchtig!

Coffee to go

MENGE 5–6 Stück | **ZUBEREITUNGSZEIT** ca. 20 Min. plus 13–14 Std. Tiefkühlen
SAISON ganzjährig | **SCHWIERIGKEITSGRAD** ✲✲✸

½ l Milch | 75 g weißer oder brauner Zucker
1 EL lösliches Kaffeepulver
60–75 g Zarbitterschokolade (50–60 % Kakaoanteil)
4 Eigelb (M)

Außerdem:
5–6 Eis-am-Stiel-Förmchen (je 80–100 ml)
Reis, Hülsenfrüchte oder Salz zum Arbeiten | 4 Eisstäbchen aus Holz

1 Die Milch zusammen mit dem Zucker in einem Topf kurz aufkochen, dann vom Herd ziehen und das Kaffeepulver einrühren, bis es sich vollständig aufgelöst hat. Die Schokolade fein hacken.

2 Die Eigelbe in eine große Schüssel geben und verrühren. Nun die heiße Milch langsam (zu Beginn esslöffelweise) unter die Eigelbe rühren, dann die Eiermilch zurück in den Topf geben und bei geringer bis mittlerer Hitze merklich eindicken lassen (5–10 Min.). Dabei ununterbrochen mit einem Gummispatel rühren, damit nichts ansetzt (bei zu großer Hitze wird schnell Rührei daraus).

3 Die Creme durch ein Sieb streichen. Eine Hälfte davon zurück in den Topf gießen und die Schokolade unterrühren. Hat man schnell gearbeitet, reicht die Resthitze der Puddingcreme aus, um die Schokolade zu schmelzen, sonst den Topf noch mal bei geringer Hitze zurück auf den Herd stellen.

4 Beide Puddingcremes (Abkühlen nicht nötig) auf die Förmchen verteilen, ohne dass sie sich zu sehr vermischen: Dazu jede Creme in ein Gefäß mit Ausgießer geben. Die Förmchen in einen Topf mit Reis, Hülsenfrüchten oder Salz stellen, sodass sie gut fixiert sind. Dann jeweils gleichzeitig beide Cremes in die einzelnen Förmchen eingießen.

5 Die Förmchen ins Tiefkühlfach stellen und das Eis in 1–2 Std. anfrieren lassen. Dann die Holzstäbchen hineinstecken und das Eis in ca. 12 Std. (am besten über Nacht) ganz durchfrieren lassen. Aus der Form lösen lässt sich das Steckerleis am leichtesten, wenn man die Förmchen kurz unter heißes Wasser hält.

TIPP: Ist das Eis für Kinder, einfach das Kaffeepulver weglassen – so wird daraus ein klassisches Vanille-Schoko-Eis.

Babycakes
mit frischen Beeren

MENGE 12 Stück | **ZUBEREITUNGSZEIT** ca. 30 Min. plus 1 Std. Backen und 5 Std. Kühlen
SAISON Sommer | **SCHWIERIGKEITSGRAD** ✹✹✵

120 g Vollkornkekse oder Oreo-Kekse »Classic« (ohne Füllung)
40 g Butter | ¼ TL feines Meersalz
ca. 150 g Brombeeren oder Himbeeren
1 Bio-Limette oder Bio-Zitrone
350 g Doppelrahm-Frischkäse (keinen fettreduzierten!)
150 g Schmand | 125 g Zucker
25 g Vanillezucker
2 Eier (L) | 2 EL Mehl

Außerdem:
12er-Muffinblech und 12 Papier-Muffinförmchen

1 Papierförmchen in die Mulden des Muffinblechs setzen. Die Kekse entweder in einem Blitzhacker zu feinen Krümeln zerkleinern oder in einen Gefrierbeutel füllen und mit dem Nudelholz klein klopfen. Die Butter schmelzen und mit Keksbrümeln und Salz vermengen (geht auch im Blitzhacker). Die Mischung in den Förmchen verteilen und flach drücken (z. B. mit dem Boden eines schmalen Glases), dabei keinen Rand formen.

2 Den Backofen auf 150° vorheizen. Die Beeren in ein Sieb geben, abbrausen und gut abtropfen lassen. Dann 80 g Beeren mit einem Löffelrücken durch das Sieb passieren, Fruchtpüree und -saft auffangen, Kerne entsorgen. Limette oder Zitrone heiß waschen und abtrocknen, Schale fein abreiben, 1–2 EL Saft auspressen.

3 Den Frischkäse und Schmand mit den Quirlen des Handrührgeräts oder der Küchenmaschine glatt rühren. Zucker, Vanillezucker und die Eier unterrühren, zuletzt das Mehl darübersieben und untermischen.

4 Von der Creme 300 g in einer separaten Schüssel abwiegen und 3–4 EL des Beerenpürees untermengen. Limetten- oder Zitronenschale und -saft zur anderen Creme geben, gut verrühren. Nun zuerst die Beerencreme mit einem Esslöffel gleichmäßig in den Förmchen verteilen, dann die Limettencreme.

5 Das Muffinblech in den Ofen (Mitte, Umluft 130°) schieben und die kleinen Kuchen 30 Min. backen – die Creme ist dann gestockt, wackelt aber noch leicht. Den Ofen ausschalten und einen Kochlöffel in die Türöffnung klemmen. Babycakes so noch mind. 30 Min. nachbacken lassen (beugt Rissen vor), erst dann aus dem Ofen nehmen und vollständig auskühlen lassen.

6 Babycakes vorsichtig aus dem Blech herauslösen und abgedeckt im Kühlschrank mind. 5 Std. (oder auch über Nacht) durchziehen lassen. Mit den restlichen Beeren nach Belieben dekorieren.

Super praktisch für Gartenfest, Picknick & Co. – also immer dann, wenn Teller gerne mal Mangelware sind und es trotzdem einen saftigen Kuchen geben soll.

DESSERTS
Das Beste zum Schluss

Dieses Dessert sprüht nur so vor Aroma und Farbe, angefangen bei den purpurnen Pflaumen – am liebsten Santa Rosa –, dann die getrockneten Hibiskusblüten und schließlich auch noch die intensiv schmeckenden heimischen Beeren. Dabei ist es schnell zubereitet und lässt sich mal als Granita (geschabtes Eis), mal als cremiges Sorbet genießen.

Ruby Red
mit Pflaumen, Hibiskus, Himbeeren

MENGE 4–6 Portionen | **ZUBEREITUNGSZEIT** ca. 20 Min. plus Auskühlen und 8–12 Std. Tiefkühlen
SAISON Sommer und Herbst | **SCHWIERIGKEITSGRAD** ✶✶✶

4 tiefrote oder violette Pflaumen
200 g Zucker
1 Vanilleschote
3–4 EL getrocknete Hibiskusblüten (aus dem Teeladen)
200 g Himbeeren (auch fein: gemischte Waldbeeren)
2 EL Grappa oder Wodka

1 Die Pflaumen waschen, halbieren, entsteinen und in dicke Spalten schneiden (es sollten 400 g sein). Mit dem Zucker in einen Topf geben. Die Vanilleschote der Länge nach aufschlitzen, das Mark mit einem Messer herauskratzen und samt Schote ebenfalls in den Topf geben. Hibiskusblüten hinzufügen, mit 300 ml Wasser aufgießen und zum Kochen bringen. Dann die Hitze reduzieren und alles 6–8 Min. unter gelegentlichem Umrühren nur mehr ganz leicht köcheln lassen.

2 Den Topf vom Herd ziehen und die Vanilleschote entfernen. Die Beeren verlesen, falls nötig abbrausen und unter die Pflaumen mischen. Die Früchte im Sud mit dem Stabmixer aufmixen, dann durch ein feines Sieb gießen, mit einem Löffelrücken oder der Schöpfkelle ausdrücken (Siebrückstände wegwerfen). Alkohol unters Fruchtpüree rühren, das Püree abkühlen und im Kühlschrank richtig schön kalt werden lassen. Dann je nach gewünschtem Ergebnis weiter vorgehen:

3 Für **Granita** das Püree in eine möglichst flache, abdeckbare Form gießen und ca. 12 Std. (am besten über Nacht) im Tiefkühlfach gefrieren lassen. Dann mit einer Gabel zu Eisschnee schaben und sofort wieder ins Tiefkühlfach stellen – bis zum Servieren.
Für **Sorbet** das Püree in die Eismaschine geben und gemäß der Bedienungsanleitung verarbeiten. Oder das Püree in einem abdeckbaren Behälter in das Tiefkühlfach stellen, ca. 2 Std. anfrieren lassen und dann alle 30–60 Min. mit einer Gabel gut durchrühren (6–8 Std. sollte man schon einplanen).

TIPP: Wer sich früher in der Eisdiele beim Spaghetti-Eis immer direkt auf die dünne Schicht gefrorener Sahne gestürzt hat, der wird hierüber in Verzückung geraten: Ein Gläschen mit Granita füllen (schnelles Arbeiten ist angesagt!) und 1–2 EL flüssige, kalte Sahne darüberträufeln. Schmeckt sagenhaft!

Geht man mit offenen Augen durch Wälder und Parkanlagen, bemerkt man erst, wie viele wild wachsende essbare Blüten, Kräuter oder Beeren es gibt – genauso verhält es sich mit dem Holunder. Die im Mai intensiv duftenden Blüten reifen im August zu schwarzen Beeren heran, die auch Fliederbeeren genannt werden. Sammeln für den Eigenbedarf ist eigentlich überall erlaubt, wer sich nicht ganz sicher ist, wie ein Holunderstrauch aussieht, der konsultiert am besten vorher ein Pflanzenbuch oder das Internet.

Holler-Panna-cotta

MENGE 4 Portionen | **ZUBEREITUNGSZEIT** ca. 30 Min. plus 4 Std. Kühlen
SAISON Spätsommer | **SCHWIERIGKEITSGRAD** ✳︎✳︎✳︎

Für die Creme: 12–16 Dolden Holunderbeeren (ca. 200 g) | 50 g (Vanille-)Zucker
1 EL frisch gepresster Zitronensaft | 350 g Sahne | 2 Blatt weiße Gelatine

---

Für den Sirup: 10–14 Dolden Holunderbeeren (ca. 175 g) | 25 g Vanillezucker
25 g Zucker | 1 EL frisch gepresster Zitronensaft

1 Für die Creme die Holunderbeeren mit einer Gabel von den Dolden abstreifen, verlesen – immer nur vollreife, schwarze Beeren nehmen – und die Stielansätze entfernen. Die Beeren (es sollten 150 g sein) im Sieb abbrausen und abtropfen lassen.

2 Holunderbeeren, Zucker und Zitronensaft in einen Topf geben, erhitzen und 5 Min. bei mittlerer Hitze kochen und aufplatzen lassen – ab und zu umrühren, damit nichts anbrennt. Mit Sahne aufgießen, einmal kurz aufwallen lassen, dann vom Herd nehmen und ca. 10 Min. ziehen lassen. Gelatine in eine Schüssel mit kaltem Wasser legen und 10 Min. einweichen.

3 Beerensahne durch ein feines (Metall-)Sieb gießen, die Beerenreste mit einem Löffelrücken sorgfältig ausdrücken (Beerenreste entsorgen). Gelatineblätter ausdrücken und nacheinander in die noch heiße Beerensahne einrühren, bis sie sich aufgelöst haben. Sahne in Portionsgläschen gießen und zugedeckt im Kühlschrank fest werden lassen (mind. 4 Std. oder über Nacht).

4 Für den Sirup die Holunderbeeren ebenfalls mit einer Gabel von den Dolden abstreifen, verlesen und von den Stielansätzen befreien. Die Beeren (es sollten 125 g sein) im Sieb abbrausen und in einen Topf geben. Vanillezucker, Zucker, Zitronensaft und 100 ml Wasser dazugeben, erhitzen und ca. 5 Min. sprudelnd kochen lassen. Die Holundermischung durch das (Metall-)Sieb gießen, Beeren wieder gut ausdrücken und entsorgen. Saft zurück in den Topf geben und bei mittlerer Hitze 5–8 Min. einkochen lassen. Sirup abgedeckt in den Kühlschrank stellen.

5 Zum Servieren jeweils etwas gekühlten Holundersirup auf die Panna cotta in den Gläschen gießen. Restlichen Sirup im Kühlschrank aufbewaren und über Eis, Joghurt oder Müsli träufeln.

TIPP: Vorsicht beim Verarbeiten von Holunder – er hinterlässt hartnäckige Flecken! Und: Holunderbeeren immer nur gekocht genießen, roh sind sie nicht bekömmlich.

Die Liebe zu diesem Dessert ist einer wunderbaren französischen Brasserie bei uns um die Ecke geschuldet, die wir immer zu besonderen Anlässen besucht haben und wo wir ausnahmslos jeden Abend mit ihrem Klassiker beschlossen – einem fantastischen, innen noch flüssigen Schokoladenküchlein. Leider haben inzwischen die Betreiber gewechselt. Die Idee zur Füllung geht dagegen auf das Konto von Tim Mälzer, der in seiner Sendung mal Erdnussbutter unter heißen Schokoladenpudding gemischt hat. Nie mehr habe ich Schokopudding seitdem anders gegessen. So wurde der Mi-cuit mit Erdnussbutterkern geboren – für mich besser als das Original.

Mi-cuit au chocolat
mit Überraschung

MENGE 5–6 Portionen | **ZUBEREITUNGSZEIT** ca. 15 Min. plus 9–12 Min. Backen
SAISON ganzjährig | **SCHWIERIGKEITSGRAD** ✳✳✳

100 g Zartbitterschokolade (mind. 65 % Kakaoanteil) | 100 g Butter | 3 Eier (M)
40 g hellbrauner Rohrohrzucker (z. B. Musovado) | 2 EL Vanillezucker | 1 großzügige Prise feines Meersalz
40 g Mehl | ca. 50 g cremige Erdnussbutter | Kakaopulver oder Puderzucker zum Bestäuben

---

Außerdem: ofenfeste Förmchen (je 100–120 ml) | Butter für die Förmchen
optional Eiscreme oder Schlagsahne zum Servieren

1 Den Backofen auf 200° (Umluft 180) vorheizen. Förmchen großzügig mit Butter einfetten. Schokolade hacken und in eine Metallschüssel geben. Die Butter schmelzen und aufschäumen lassen, über die Schokolade gießen und kurz stehen lassen, dann beides glatt rühren und kurz abkühlen lassen.

2 Eier, Rohr- und Vanillezucker mit den Quirlen des Handrührgeräts oder der Küchenmaschine mind. 3 Min. auf hoher Stufe aufschlagen, bis die Masse cremig ist und sich im Volumen verdoppelt hat. Salz und Schokoladenbutter dazugeben und mit einem Gummispatel behutsam, aber gründlich unterheben. Mehl darübersieben und ebenfalls unterheben. Die Förmchen zur Hälfte mit dem Teig füllen, dann je 1 TL Erdnussbutter in die Mitte geben und mit Teig abschließen (bis gut einen Fingerbreit unter den Rand).*

3 Mi-cuit im Ofen (Mitte) backen: Sie sind perfekt, wenn der Kern noch nicht durchgebacken ist, je nach Förmchen dauert das 9–12 Min.** Herausnehmen, mit Kakaopulver oder Puderzucker bestäuben und sofort servieren. Möchte man sie stürzen, dann 2–3 Min. stehen lassen, mit einem Messer am Rand entlang fahren und beherzt auf einen Teller stürzen. Wer mag, serviert noch Eiscreme oder Schlagsahne dazu.

Die gefüllten Förmchen halten sich problemlos 1–2 Tage gut abgedeckt im Kühlschrank. Sie können dann direkt von dort aus in den Ofen, lediglich die Backzeit verlängert sich um 2–3 Min.
**Es lohnt sich, einmal eine Testreihe für den eigenen Ofen, die verwendeten Förmchen und natürlich seine persönliche Vorliebe zu starten. Dazu einfach jede Minute einen Mi-cuit aus dem Ofen nehmen, verkosten und die Zeit des individuellen Favoriten notieren – dann werden die Küchlein in Zukunft immer perfekt!*

Zeitaufwand ist kein Kriterium und es darf ein wenig ausgefallener sein? Dann ist ein Dessert aus verschiedenen Komponenten die richtige Wahl. Hier trifft eine cremige Mousse auf knusprige Sesamwaffeln und exotische Früchte.

Kokosmousse
mit Sesamwaffeln

MENGE 4 Portionen | **ZUBEREITUNGSZEIT** ca. 1 Std. plus 12 Std. Kühlen und 15 Min. Backen
SAISON ganzjährig | **SCHWIERIGKEITSGRAD** ✲✲✲

Für die Mousse: ½ Vanilleschote | 150 ml cremige Kokosmilch | 1 ½ Blatt weiße Gelatine
3 Eigelb (M oder L) | 40 g Zucker | 175 g Sahne

Für die Waffeln: 25 g Butterschmalz
2–3 EL Sesamsamen (geschälter weißer, schwarzer oder beides gemischt) | 25 g Mehl
40 g Zucker | 1 TL gemahlener Ingwer | 2 Prisen feines Meersalz | 1 Eiweiß (M)

Außerdem: Silikon-Backmatte (Backpapier geht auch, ruscht aber beim Bepinseln)
exotische Früchte (je nach Saison und Verfügbarkeit z.B. Granatapfelkerne, Mangoschnitze,
Passionsfruchtmark, Ananasstückchen) für die Dekoration

1 Für die Mousse die Vanilleschote längs aufschlitzen und das Mark herauskratzen. Schote und Mark in einem kleinen Topf mit der Kokosmilch aufkochen, vom Herd nehmen und ca. 10 Min. ziehen lassen, dann Schote entfernen. Inzwischen die Gelatine in kaltem Wasser einweichen. Eigelbe und Zucker in 3–5 Min. mit den Quirlen des Handrührgeräts oder der Küchenmaschine hell und cremig aufschlagen.

2 Von der heißen Kokosmilch 3–4 EL abnehmen und unter die Eiercreme rühren. Dann die Eiercreme zu der heißen Kokosmilch geben und bei mittlerer Hitze und unter konstantem Rühren merklich eindicken lassen (Geduld!) – sie darf aber nicht kochen. Topf vom Herd nehmen, Gelatine ausdrücken, in der Creme auflösen. Creme durch ein Sieb gießen und abkühlen lassen.

3 Sobald die Creme nur mehr handwarm ist, Sahne steif schlagen und erst ein Drittel davon, dann den Rest unter die Creme heben. In Gläschen füllen und abgedeckt ca. 12 Std. (am besten über Nacht) kalt stellen.

4 Für die Waffeln Backofen auf 200° (Umluft 180°) vorheizen, ein Backblech mit der Backmatte auslegen. Schmalz schmelzen, kurz abkühlen lassen. 1 EL Sesam im Blitzhacker oder Mörser fein mahlen. Mehl, Zucker, Ingwer, gemahlenen Sesam und Salz in einer Schüssel mischen. Schmalz dazugießen, alles mit einer Gabel zu einem zähen Teig verarbeiten. Eiweiß mit einer Gabel nur schaumig schlagen, dann unter den Teig arbeiten.

5 Den Teig nach und nach mit einem Backpinsel in kleinen Kreisen oder großen Rechtecken so dünn und gleichmäßig wie möglich auf die Matte streichen, mit übrigem Sesam bestreuen. Im Ofen (Mitte) in 5–7 Min. goldbraun backen. Herausnehmen, sofort in Streifen schneiden oder in Form biegen, auf dem Kuchengitter auskühlen lassen. (In einem luftdichten Behälter halten sie ein paar Tage, an der Luft werden sie schnell weich).

6 Die exotischen Früchte dekorativ auf der Kokosmousse anrichten. Die Sesamwaffeln dazu reichen.

Nugat und Haselnusskrokant ist eine unwiderstehliche Kombination für Schleckermäuler. Um das Zusammenspiel der karamellisierten Nussstückchen mit der gefrorenen Nugatcreme voll auskosten zu können, das Semifreddo unbedingt kurz antauen lassen, bevor man den ersten Löffel probiert.

Nugat-Semifreddo
mit Haselnusskrokant

MENGE 6 Portionen | **ZUBEREITUNGSZEIT** ca. 30 Min. plus 3 Std. Tiefkühlen
SAISON ganzjährig | **SCHWIERIGKEITSGRAD** ✳✳✳

Für den Krokant: 40 g Zucker | 50 g gehackte Haselnüsse
1–2 Prisen Fleur de Sel oder Maldon Salzflocken

Für das Semifreddo: 75 g Nussnugat | 25 g Zartbitterschokolade (50–60 % Kakaoanteil)
4 Eigelb (L) | 40 g Zucker | 2 EL Rum oder Cognac | 200 g Sahne

---

Außerdem: Springform (20 cm Ø) | optional säuerliche Früchte oder Schlagsahne zum Servieren

1 Für den Krokant ein Backblech mit Backpapier auslegen. Zucker in einer Pfanne bei mittlerer bis starker Hitze ohne Rühren schmelzen lassen. Sobald er sich vollständig verflüssigt hat und zu bräunen beginnt, die Haselnüsse und das Salz einrühren, bis die Nüsse vom Karamell überzogen sind. Haselnusskrokant auf dem Blech möglichst dünn ausstreichen. Abkühlen und aushärten lassen.

2 Krokant in grobe Stücke brechen und entweder in der Küchenmaschine oder von Hand mit einem großen Messer relativ fein hacken. Springform überhängend mit Klarsichtfolie auslegen und den Boden gleichmäßig mit Krokantbröseln ausstreuen, mit den Händen ein wenig festdrücken. Zur Seite stellen.

3 Für das Semifreddo Nugat und Schokolade fein hacken, in eine kleine Metallschüssel geben und über dem heißen Wasserbad schmelzen. Zur Seite stellen. Eigelbe, Zucker und Rum oder Cognac mit dem Schneebesen in einer großen Metallschüssel über dem heißen Wasserbad in 3–5 Min. dickcremig aufschlagen. Dann die Schüssel in kaltes Wasser setzen und die Creme kalt schlagen, die Nugatschokolade einrühren.

4 Sahne steif schlagen und erst ein Drittel unter die Creme rühren, Rest behutsam unterheben, damit sie möglichst luftig bleibt. Die Masse vorsichtig über die Krokantbrösel gießen, damit die Krokantschicht (die spätere Oberseite) möglichst intakt bleibt. Abgedeckt für mind. 3 Std. ins Tiefkühlfach stellen.

5 Zum Servieren das Semifreddo herausnehmen, vorsichtig mithilfe der Folie aus der Form heben und auf ein Arbeitsbrett stürzen, die Folie abziehen. Das Semifreddo mit einem großen Messer (unter fließendem heißen Wasser etwas anwärmen) in 6 gleich große Tortenstücke schneiden und auf kleinen Desserttellern anrichten. Wer mag, serviert das Semifreddo mit säuerlichen Früchten oder einem Klecks Schlagsahne.

MEINE LIEBLINGSVARIANTE: Die Semifreddo-Masse nach dem Unterheben der Sahne mit nicht zu fein gehackten Krokantbröseln und dünn (!) geschnittenen Bananenscheiben in kleine Gläser einschichten. Entweder kurz anfrieren lassen (1 ½–2 Std.) und direkt servieren. Oder über Nacht gefrieren lassen und vor dem Servieren ca. 1 ½ Std. im Kühlschrank antauen lassen – dann ist die Konsistenz einfach himmlisch cremig! Mit etwas Schlagsahne und Krokant anrichten.

»Crumble« klingt nicht spektakulär – und trotzdem gehört er zu meinen Lieblingsdesserts. Er lässt sich gut vorbereiten, die Früchte werden je nach Saison angepasst und ein großer Klecks Schlagsahne, Vanillesauce (siehe Seite 62) oder eine Kugel Eis dazu geben eine tolle Heiß-Kalt-Kombi.

3-Früchte-Crumble
für jede Obstsaison

MENGE 4 Portionen | **ZUBEREITUNGSZEIT** ca. 20 Min. plus 25 Min. Backen
SAISON ganzjährig | **SCHWIERIGKEITSGRAD** ✶✷✷

100 g Mehl
25 g zarte oder kernige Haferflocken
35 g hellbrauner Rohrohrzucker (z. B. Muscovado)
1–2 TL Kokosraspel | ¼ TL feines Meersalz
50 g sehr kalte Butter | ½ EL Crème fraîche oder Sahne
3 große rote Pflaumen | 2 kleine Pfirsiche oder 4 Aprikosen
75 g Brombeeren | 2 EL Vanillezucker

Außerdem:
4 kleine ofenfeste Portionsförmchen oder 1 große Auflaufform
optional Butter für die Förmchen oder die Form
Schlagsahne, Vanillesauce (Seite 62) oder Eiscreme zum Servieren

1 Den Backofen auf 200° (Umluft 180°) vorheizen. Die Portionsförmchen oder Auflaufform bereitstellen, nach Belieben mit Butter einfetten (muss aber nicht sein).

2 Entweder Mehl, Haferflocken, Rohrzucker, Kokosraspel und Salz in einer Rührschüssel gut vermengen. Butter in Flöckchen schneiden und mit den Fingern zügig in die Mehlmischung reiben, sodass feine Brösel entstehen. Oder die Zutaten in die Küchenmaschine (mit dem Schneideeinsatz) geben und mit der Pulse-Funktion verarbeiten, bis alles fein zerbröselt ist.

3 So oder so: Jetzt die Crème fraîche oder Sahne dazugeben und kurz unterkneten, bis sich Streusel bilden. Bis zur Verwendung abgedeckt in den Kühlschrank stellen.

4 Früchte waschen und trocken tupfen. Pflaumen und Pfirsiche oder Aprikosen halbieren, entsteinen und in Spalten schneiden, Beeren ganz lassen. Gut gemischt in Förmchen oder Form verteilen, mit Vanillezucker bestreuen, die Streusel darüber verteilen. Im Ofen (Mitte) in ca. 25 Min. goldbraun backen. Heiß oder lauwarm mit Schlagsahne, Vanillesauce oder Eiscreme servieren.

TIPP: Ich bereite meist gleich die doppelte Menge Streusel zu und friere die Hälfte ein, das spart beim nächsten Crumble Zeit (verwenden wie frische Streusel, kein Auftauen nötig, nur so lange warten, bis sich die gefrorenen Streusel voneinander lösen lassen). Bei den Streuseln lässt sich darüberhinaus mit Gewürzen (Zimt, Kardamom oder Vanille) und gehackten Nüssen weiter variieren. Übrigens schmecken gekühlte Crumble-Reste am nächsten Tag so gut, dass ich immer sicherstelle, dass es auch Reste gibt …

Erstens: In Restaurants bekommt man selten eine wirklich gute Crème brulée. Zweitens: Das Vorurteil, Crème brulée sei schwierig zuzubereiten, hält sich hartnäckig. Drittens: Beachtet man ein paar einfache Tricks, dann ist es eines der besten »Wow!«-Desserts überhaupt (wenig Arbeit, viel Genuss). Viertens: Hat man sie einmal mit Passionsfrucht probiert, gibt es kein Zurück mehr.

Crème brulée
mit Passionsfrucht

MENGE 6–8 Portionen | **ZUBEREITUNGSZEIT** ca. 20 Min. plus 30–40 Min. Garen und 4–5 Std. Kühlen
SAISON ganzjährig | **SCHWIERIGKEITSGRAD** ✳✳✳

4–5 Passionsfrüchte | 1 Vanilleschote
350 g Sahne | 80–100 g Zucker | 4 Eigelb (M)

Außerdem: 6–8 Porzellanförmchen (je 75–100 ml)* | Küchen-Bunsenbrenner

1 Den Backofen auf 150° vorheizen. Eine große Auflaufform mit einem Stück Küchenpapier auslegen (das verhindert ein Rutschen) und die Förmchen nebeneinander hineinstellen. Passionsfrüchte halbieren, Fruchtfleisch und -saft in ein Sieb geben und durchstreichen (Kerne entsorgen), 50 ml abmessen.

2 Vanilleschote längs aufschlitzen und Mark herauskratzen, beides in einen Topf geben. Mit Sahne und 30–40 g Zucker zum Kochen bringen, Schote entfernen.

3 In einer großen Schüssel Eigelbe mit einer Gabel verrühren. Von der Vanillesahne 4–5 EL abnehmen und langsam unter die Eigelbe rühren (werden sie zu schnell zu heiß, stocken sie), dann die restliche Vanillesahne sowie das Passionsfruchtpüree. Creme durch ein Sieb gießen und in die Förmchen füllen. Auflaufform in den Ofen (Mitte, Umluft 130°) stellen und so viel Wasser hineinfüllen**, dass die Förmchen zu gut zwei Dritteln darin stehen (das Wasserbad sorgt für sanftes Garen und die samtige Konsistenz der Creme).

4 Die Creme 30–40 Min. garen, bis sie bei leichtem Anstupsen zwar gefestigt erscheint, aber in der Mitte noch ein wenig wackelt. Förmchen vorsichtig aus dem Wasserbad heben, Creme ein wenig abkühlen lassen und dann abgedeckt im Kühlschrank in 4–5 Std. (oder auch über Nacht) fest werden lassen.

5 Vorm Servieren die Creme dünn mit dem übrigen Zucker bestreuen und mit dem Bunsenbrenner karamellisieren (die Flamme so lange über einer kleinen Fläche kreisen lassen, bis die gewünschte Bräune erreicht ist).

* Die typischen, ganz flachen Crème-brulée-Schälchen nimmt man wegen des optimalen Verhältnisses der knackigen Karamellfläche zur zarten Creme. Ich finde sie etwas unpraktisch fürs Wasserbad, weswegen ich ein wenig höhere Förmchen bevorzuge.
** Ob kochendes oder kaltes Wasser in die Auflaufform gegossen wird, hat keine Auswirkung auf die Konsistenz der Creme, nur auf deren Garzeit. Doch da diese ohnehin sehr von den individuell verwendeten Förmchen und deren Größe abhängt, sollte man ab 25 Min. Garzeit alle 5 Min. ein Förmchen leicht anstupsen, um den Garprozess im Auge zu behalten.

Eton Mess
mit Ofenfrüchten

MENGE 4–6 Portionen | **ZUBEREITUNGSZEIT** ca. 45 Min. plus 2 Std. Backen und Auskühlen
SAISON Sommer, mit anderen Früchten* ganzjährig | **SCHWIERIGKEITSGRAD** ✶✶✶

1 Eiweiß (L)
1 Prise feines Meersalz
65 g feinster Zucker
½ TL frisch gepresster Zitronensaft oder milder, heller Essig
optional: rosa Lebensmittelfarbe (z. B. von Sugarflair)
3–4 violette Pflaumen
4–6 Aprikosen | 2–3 EL Vanillezucker
400 g Sahne | 200 g Schmand oder Crème fraîche

Außerdem: Spritzbeutel mit großer Sterntülle

1 Den Backofen auf 100° vorheizen, ein Backblech mit Backpapier auslegen. Das Eiweiß und Salz in eine große, fettfreie Schüssel geben und mit den Quirlen des Handrührgeräts oder der Küchenmaschine steif schlagen. Beginnt das Eiweiß fest zu werden, Zucker langsam einrieseln lassen, dann den Zitronensaft oder Essig dazugeben. Weiterschlagen, bis sich richtig steife Spitzen bilden (mind. 5 Min.), dann noch die Lebensmittelfarbe (sparsam dosieren) unterrühren.

2 Den Baiser in den Spritzbeutel füllen und mit ein wenig Abstand kleine Tupfen auf das Blech spritzen. Im Ofen (Mitte, Umluft 80°) ca. 1½ Std. backen, dann den Ofen ausschalten und die Meringue darin auskühlen lassen – so sind sie vollständig durchgetrocknet und lassen sich leicht vom Papier ablösen. Meringue bis zur Verwendung (auch mehrere Tage) in einem luftdicht verschlossenen Behälter aufbewahren.

3 Dann Backofen auf 200° (Umluft 180°) vorheizen. Die Pflaumen und Aprikosen waschen, halbieren, entsteinen und in Achtel schneiden. Jede Fruchtsorte in eine separate Auflaufform geben, jeweils mit ca. 1 EL Vanillezucker bestreuen. Im Ofen (Mitte) in 20–30 Min. weich garen. Je nach Vorliebe (separat) pürieren oder stückig lassen und kalt stellen.

4 Sahne und Schmand oder Crème fraîche in einer Schüssel mit den Quirlen des Handrührgeräts oder der Küchenmaschine zuerst verrühren, dann nicht ganz steif aufschlagen. Abwechselnd Früchte, Sahne, grob zerbröselte Meringue, Sahne, Früchte, ... in dekorative Gläser einschichten und mit einem besonders schönen Meringuetupfen abschließen. Sofort genießen.

Die Früchte können je nach Saison variiert werden. Unbedingt statt mit Pflaumen und Aprikosen auch mal ganz klassisch mit frischen Beeren oder geschmortem Rhabarber probieren.

Hier ist der Name Programm: Beim Schichten von Sahne, Früchten und Meringue nur ja nicht zu sorgfältig arbeiten, das englische »Mess« heißt nämlich »Durcheinander«. Werden die verwendeten Früchte vorher im Ofen gebacken, potenziert sich deren Geschmack noch mal. Allerdings dürfen die Gläschen erst unmittelbar vor dem Servieren angerichtet werden – die Meringuebrösel lösen sich nämlich schnell in der Sahne auf ...

Es ist kein Zufall, dass man Duftkerzen mit dem Aroma »Bratapfel« kaufen kann – schließlich gibt es wenige Gerichte, die der Küche so einen feinen Duft einhauchen. Der Klassiker für die kalte Jahreszeit wird am besten mit Boskop, Braeburn oder Cox Orange zubereitet und ist im Nu im Ofen.

Bratäpfel

MENGE 4 Portionen | **ZUBEREITUNGSZEIT** ca. 20 Min. plus 45–60 Min. Backen
SAISON Herbst und Winter | **SCHWIERIGKEITSGRAD** ✳︎✳︎✳︎

75 g Pekan- oder Walnüsse
50 g Trockenfrüchte (z. B. Cranberrys und Sultaninen)
50 g zimmerwarme Butter
50 g Mandelblättchen
2 EL dunkelbrauner Rohrohrzucker (z. B. Muscovado)
2 EL Ahornsirup | 1 EL brauner Rum
½ TL gemahlener Zimt
1 Prise feines Meersalz
4 kleine bis mittelgroße Äpfel
2 EL Honig | 100 ml Apfelsaft oder Weißwein

Außerdem:
Puderzucker zum Bestäuben
Kugelausstecher
Vanillesauce (Seite 62) oder Vanilleeis zum Servieren

1 Den Backofen auf 180° vorheizen. Die Nüsse und Trockenfrüchte nicht zu fein hacken. Mit Butter, der Hälfte der Mandelblättchen, Rohrzucker, Ahornsirup, Rum, Zimt und Salz in eine Schüssel geben und mit einer Gabel gut vermengen.

2 Die Äpfel waschen und oben waagerecht einen gut fingerdicken Deckel abschneiden (nicht zu dünn, sonst fällt der Stiel ab). Die Kerngehäuse mit dem Kugelausstecher großzügig entfernen, dann die vorbereitete Füllung hineingeben und die Deckel darauflegen. Äpfel in eine Auflaufform setzen, die Apfeldeckel mit Honig einpinseln und mit den restlichen Mandelblättchen bestreuen. Apfelsaft oder Wein in die Form gießen.

3 Äpfel im Ofen (zweite Schiene von unten, Umluft 160°) 45–60 Min. backen, dabei nach 15 und 30 Min. mit ein wenig Saft aus der Form beträufeln. Sollten die Mandeln zum Schluss hin zu dunkel werden, die Äpfel mit Backpapier abdecken.

4 Fertige Äpfel aus dem Ofen holen, kurz abkühlen lassen, dann mit Puderzucker bestäuben. Mit Vanillesauce (siehe Seite 62) oder Vanilleeis servieren.

TIPP: Die Füllung für Bratäpfel lässt sich in 1001-Varianten abwandeln, mit etwas Marzipan, anderen Trockenfrüchten oder Nüssen, verschiedenen Gewürzen ... – besonders praktisch zum Aufbrauchen verschiedenster Nuss- und Trockenfrüchtereste.

Ein Dessert für Experimentierfreudige und all jene, die sonst gerne den Käsegang etwas Süßem vorziehen. Und dabei sind alle wichtigen Nachtischattribute vereint – cremig, knusprig und fruchtig!

Ziegenkäseparfait
mit Cassisfrüchten

MENGE 4–6 Portionen | **ZUBEREITUNGSZEIT** ca. 40 Min. plus 12 Std. Durchziehen, Tiefkühlen und Einkochen
SAISON Spätsommer und Herbst | **SCHWIERIGKEITSGRAD** ✳✳✳

Für die Früchte: 2 Feigen | 2 kleine, feste Birnen | 1 kleiner Zweig Rosmarin*
50 g Süß- oder Sauerkirschen (aus dem Glas) | 1–2 EL Vanillezucker (oder mehr nach Geschmack)
½ l schwarzer Johannisbeersaft**

Für das Parfait: 4 Eigelb (L) | 2 EL Vanillezucker | 2 EL Honig
60–75 g milder Ziegenfrischkäse | 200 g Sahne | 75 g Cantuccini (italienische Mandelkekse)

Außerdem: 4–6 Förmchen oder kleine Tassen (je 100–120 ml)

1 Für die Früchte die Feigen dünn schälen. Birnen vierteln, entkernen und schälen. Rosmarin abbrausen und trocken schütteln. Alles mit Kirschen, Vanillezucker und Johannisbeersaft in einem Topf aufkochen und bei geringer Hitze 10 Min. sanft köcheln lassen. Vom Herd nehmen und abkühlen lassen, dann ca. 12 Std. (am besten über Nacht) im Kühlschrank durchziehen lassen.

2 Für das Parfait Eigelbe, Vanillezucker und Honig in eine Metallschüssel geben und mit dem Schneebesen über dem heißen Wasserbad in 3–5 Min. cremig aufschlagen. Dann die Schüssel in kaltes Wasser setzen und die Creme kalt schlagen. Ziegenfrischkäse unterrühren (60 g für eine sehr milde Geschmacksnote, 75 g für einen ausgeprägteren Geschmack).

3 Die Sahne steif schlagen und erst ein Drittel unter die Käsemasse rühren, dann den Rest behutsam unterheben, die Masse soll so luftig wie möglich bleiben. In die Förmchen oder Tassen füllen und ca. 12 Std. (am besten über Nacht) ins Tiefkühlfach stellen.

4 Am nächsten Tag Cantuccini in einem Blitzhacker recht fein hacken und in eine Schüssel geben. Nacheinander die Förmchen oder Tassen kurz in heißes Wasser tauchen, mit einem Messer am Rand entlangfahren und die Parfaits herauslösen. Jedes Parfait möglichst zügig in den Keksbröseln wälzen, auf einen Teller geben und bis zum Servieren wieder ins Tiefkühlfach stellen.

5 Sud und Früchte durch ein Sieb gießen. Den Sud auffangen, zurück in den Topf geben und bei mittlerer bis starker Hitze um zwei Drittel einkochen. Die Parfaits auf den Tellern 5–10 Min. antauen lassen, dann mit den Cassisfrüchten anrichten und ein wenig von dem eingekochten Sud über die Früchte geben.

* Anstelle des Rosmarins kann auch 1 Zimtstange oder etwas Lebkuchengewürz zum Aromatisieren des Suds verwendet werden.
** Der schwarze Johannisbeersaft lässt sich ganz oder zum Teil durch Traubensaft oder kräftigen Rotwein austauschen.

B

BETTHUPFERL
Kleine Leckerbissen

Auf der langen Autofahrt von Los Angeles nach San Francisco führte uns der Zufall in ein recht verschlafenes Küstenstädtchen mit dem Namen Cayucos. Wer hätte gedacht, dass sich hier wunderbar einsame Strände, ein herrlich kitschiges Motel (Seaside) und eine sagenhafte Cookie-Bäckerei (Brown Butter Cookie Company) verstecken würden? Wir konnten gar nicht genug bekommen von deren mürben, aber doch relativ festen Cookies. Zurück in meiner eigenen Küche musste ich lange experimentieren, bis ich eine ähnliche Konsistenz erreicht hatte – deshalb wurden sie auch Cayucos-Cookies getauft. Der besondere Kick daran: Sie werden in salzigen Erdnusssplittern gerollt.

Cayucos-Cookies
SCHOKOLADENKEKSE MIT ERDNUSSSPLITTERN

MENGE 24–26 Stück | ZUBEREITUNGSZEIT ca. 30 Min. plus 13–14 Min. Backen
SAISON ganzjährig | SCHWIERIGKEITSGRAD ✱✲✲

200 g Zartbitterschokolade (50–60 % Kakaoanteil)
50 g gesalzene, geröstete Erdnüsse*
100 g cremige Erdnussbutter | 100 g weißer Zucker
50 g hellbrauner Rohrohrzucker (z. B. Muscovado)
2 Eier (M) | bis zu ¼ TL Salz
100 g Mehl (Type 405 oder 550)
knapp ½ TL Backpulver

1   Backofen auf 180° (Umluft 160°) vorheizen, ein Backblech mit Backpapier auslegen. Die Schokolade fein hacken und in einer Metallschüssel über einem heißen Wasserbad schmelzen lassen, dabei ab und zu umrühren. Vom Wasserbad nehmen und kurz abkühlen lassen. Die Erdnüsse nicht zu fein hacken und in eine kleine Schüssel geben.

2   Erdnussbutter und beide Zuckersorten in einer Schüssel mit den Quirlen des Handrührgeräts oder der Küchenmaschine cremig rühren. Eier dazugeben und mind. 3 Min. weiterrühren. Salz und Schokolade unterrühren, dann Mehl und Backpulver untermengen.

3   Mit einem kleinen Eisportionierer (ca. 4 cm Ø) oder einem Teelöffel walnussgroße Portionen vom Teig abstechen, mit kalten Händen schnell zu Kugeln formen und in den Erdnüssen wälzen. Die Kugeln mit ein wenig Abstand auf das Backblech setzen und mit den Händen nur ganz leicht flach drücken.

4   Blech in den Ofen (Mitte) schieben und die Cookies 13–14 Min. backen. Sie sind optimal, wenn sie im Kern noch nicht ganz durchgebacken sind. Herausnehmen und auf dem Blech auskühlen lassen. Die ersten Tage nach dem Backen schmecken sie am allerbesten. Ausgekühlt in einer luftdichten Dose aufbewahren.

* Grundsätzlich kann man diese Cookies vor dem Backen in allem rollen, was mit Schokolade harmoniert, von braunem Zucker über gehackte Pistazien bis zu dunklem Kakaopulver oder Kokosraspeln. Oder wenig Fleur de Sel oder Maldon-Salzflocken darüberstreuen!

»Cookies & Cream« ist ursprünglich eine aus den USA stammende, extrem populäre Eissorte, die mit zerkrümelten Schokoladenkeksen durchzogen ist. Mit weißer Schokolade und den klassischen Oreo-Keksen lassen sich nach diesem Prinzip Pralinen mit Crunch zaubern – super schnell und super einfach.

Cookies & Cream-Pralinen

MENGE 18–20 Stück | **ZUBEREITUNGSZEIT** ca. 20 Min. plus 2 Std. Kühlen
SAISON ganzjährig | **SCHWIERIGKEITSGRAD** ✱✱✱

3 Oreo-Kekse »Classic«
200 g weiße Schokolade oder Kuvertüre
optional: 4 TL gefriergetrocknetes Himbeerpulver*

Außerdem:
(Silikon-)Pralinenform**

1 Die Füllung mit einem kleinen Messer von den Oreo-Keksen kratzen (und naschen), dazu vorher die zwei Kekshälften leicht gegeneinanderdrehen und aufklappen. Die Kekse fein hacken, die Stücke sollten maximal Erbsengröße haben.

2 Die weiße Schokolade oder Kuvertüre fein hacken, in eine kleine Metallschüssel geben und über einem heißen Wasserbad langsam und sanft unter gelegentlichem Rühren schmelzen. Eventuell jetzt noch das Himbeerpulver unterrühren.

3 Entweder Keksstückchen und die Schokolade oder Kuvertüre gut verrühren und mit einem kleinen Löffel randvoll in die Mulden der Pralinenform füllen. Oder Keksstückchen auf die einzelnen Mulden verteilen, zu zwei Dritteln mit Schokolade oder Kuvertüre bedecken und erst mit einem kleinen Holzstäbchen umrühren (verhindert Lufteinschlüsse), bevor man die Mulden randvoll mit Schokolade oder Kuvertüre auffüllt.***

4 Die Form mehrfach sanft auf die Arbeitsfläche stoßen, um eventuelle Luftbläschen zu entfernen. Die Pralinen zum Festwerden ca. 2 Std. in den Kühlschrank stellen. Fertige Pralinen behutsam aus der Form drücken. Luftdicht verschlossen, lassen sie sich wochenlang aufbewahren, am besten schmecken sie leicht gekühlt.

* In gut sortierten Gewürzläden oder im Patisseriefachgeschäft (bei vielen kann man auch über das Internet bestellen) bekommt man Pulver von gefriergetrockneten Früchten (z. B. Himbeeren, Erdbeeren). In geschmolzene weiße Schokolade eingerührt, verleiht es dieser eine farbenfrohe Optik inklusive Beerenaroma.
** Grundsätzlich lassen sich Pralinen in Metall-, Plastik- und Silikonformen herstellen, wobei letztere besonders einfach funktionieren (gekühlte Praline einfach herausdrücken) und recht günstig im Fachhandel oder übers Internet zu beziehen sind.
*** Die zweite Füllvariante hat den Vorteil, dass jede Praline ungefähr den gleichen Anteil an Keksstückchen enthält.

Wer schon einmal in Paris bei Jacques Genin Süßes gekauft hat, der kennt seine Passionsfrucht-Mango-Karamellen – an denen ist einfach kein Vorbeikommen, sie sind eine echte Offenbarung. Meine Variante verzichtet auf die Mango, glänzt dafür aber mit einer dezenten Kokosnote.

Kokoskaramellen
mit Passionsfrucht

MENGE 55–60 Stück | **ZUBEREITUNGSZEIT** ca. 30 Min. plus 1–2 Std. Kühlen und Einwickeln
SAISON ganzjährig | **SCHWIERIGKEITSGRAD** ✱✱✱

100 ml Kokosmilch
100 g Sahne | 50 g Butter | 200 g Zucker
75 g Golden Syrup (englischer Zuckersirup, gibt es in sehr gut sortierten Supermärkten)
⅛ l Passionsfruchtpüree oder -saft (siehe * auf Seite 98)
1 großzügige Prise feines Meersalz

Außerdem:
flache Form (ca. 15 x 15 cm)
ein paar Tropfen geschmacksneutrales Öl für die Form
Zuckerthermometer | Wachspapier zum Einwickeln

1 Die Form mit Backpapier ausschlagen und mit dem Öl einfetten. Die Kokosmilch, die Sahne und die Butter in einem kleinen Topf zum Kochen bringen, dann zur Seite stellen.

2 Den Zucker und Golden Syrup mit 50 ml Wasser in einem größeren Topf mit hohen Wänden bei mittlerer bis starker Hitze unter Rühren zum Kochen bringen. Die Temperatur mit dem Zuckerthermometer gut im Auge behalten. Sobald 120° erreicht sind, nacheinander die noch heiße Kokossahne, Passionsfruchtpüree oder -saft und das Salz dazugeben (Vorsicht, die Mischung kocht dabei hoch und kann spritzen!). Die Mischung erneut unter Rühren erhitzen (dieses Mal auf 125°), bis sie merklich eindickt (das kann 10–15 Min. dauern). Den Karamell sofort in die vorbereitete Form gießen.

3 Den Karamell abkühlen lassen, in den Kühlschrank stellen und in 1–2 Std. fest werden lassen. Dann auf ein Brett stürzen, Backpapier abziehen und Karamell mit einem großen Messer in mundgerechte längliche oder quadratische Stücke schneiden. Einzeln in kleine Wachspapierstücke einwickeln und gut gekühlt aufbewahren. Haltbarkeit: 1–2 Wochen.

TIPP: Karamellen zuzubereiten ist auch ein wenig Übungssache, da nur wenige Sekunden bzw. Grad mehr oder weniger über die Konsistenz der abgekühlten Karamellen entscheiden – sind sie einem zu weich, nächstes Mal um wenige Grad weiter erhitzen, sind sie zu hart, eine niedrigere Endtemperatur wählen. Auf jeden Fall für die erste Zubereitung genug Zeit einplanen und – oberstes Gebot – währenddessen nicht ablenken lassen. Und ein wenig Vorsicht schadet hier ebenfalls nicht, da geschmolzener Zucker äußerst schmerzhafte Verbrennungen verursachen kann.

Schnell gemacht warten diese Makronen mit einer Vielzahl unterschiedlicher Eindrücke auf: Weiche Feigenstücke, die zart knuspern, wenn man auf ihre kleinen Kernchen beißt, geröstete Walnüsse und eine – je nach Backdauer – weiche oder knusprige Baisermasse.

Walnuss-Feigen-Makronen

MENGE 22–24 Stück | **ZUBEREITUNGSZEIT** ca. 20 Min. plus 24–28 Min. Backen
SAISON ganzjährig | **SCHWIERIGKEITSGRAD** ✻✻✻

75 g Walnüsse
50 g getrocknete Feigen
optional: 25 g Zartbitterschokolade (50–60 % Kakaoanteil)
2 Eiweiß (M oder L)
1 Prise feines Meersalz
75 g Zucker
1 TL frisch gepresster Zitronensaft
2 EL schwach entöltes Kakaopulver

1 Die Walnüsse in einer Pfanne bei mittlerer Hitze rösten, bis sie zu duften beginnen. Aus der Pfanne nehmen, etwas abkühlen lassen, dann nicht zu fein hacken. Feigen in ca. 1 cm große Würfel schneiden, die Schokolade (falls verwendet) fein hacken.

2 Den Backofen auf 160° (Umluft 140°) vorheizen, ein Backblech mit Backpapier auslegen. Die Eiweiße und das Salz mit den Quirlen des Handrührgeräts oder der Küchenmaschine aufschlagen. Sobald es steifer Schnee wird, Zucker einrieseln lassen und Zitronensaft dazugeben. Weitere 3–5 Min. aufschlagen, bis sich der Zucker vollständig aufgelöst hat und die Masse glänzt.

3 Walnüsse und Feigenstückchen behutsam unters Baiser heben. Dann Kakaopulver darübersieben und mit wenigen Rührbewegungen untermischen, sodass der Kakao noch Streifen im Baiser hinterlässt.

4 Nach und nach mit zwei Teelöffeln etwas Makronenmasse abnehmen und als gut walnussgroße Häufchen mit ausreichend Abstand aufs Blech setzen. Eventuell noch mit der gehackten Schokolade bestreuen. In den Ofen (Mitte) schieben und 24–28 Min. backen.*

5 Die Makronen aus dem Ofen nehmen, 5 Min. auf dem Blech abkühlen lassen, dann mit einem Pfannenwender behutsam vom Backpapier trennen und auf einem Kuchengitter ganz auskühlen lassen. Makronen in einer luftdichten Dose aufbewahren (die ersten Tage schmecken sie am besten).

* Sollen die Makronen eher weich sein, dann nicht ganz durchbacken, wer sie knusprig mag, darf sie ruhig 28 Min. (oder noch länger) im Backofen belassen.

Wem weiße Schokolade schnell zu süß ist, der sollte sie mal in Kombination mit Matcha (Grünteepulver aus dem Teeladen) und Limette versuchen – die unterschiedlichen Aromen sind wie füreinander gemacht und verschmelzen zu einer exotischen Nascherei mit herb-frischer Note.

Grüntee-Trüffel
mit weißer Schokolade

MENGE 36–38 Stück | ZUBEREITUNGSZEIT ca. 30 Min. plus 2–3 Std. Kühlen
SAISON ganzjährig | SCHWIERIGKEITSGRAD ✶✶✶

2 Bio-Limetten
100 g Sahne
1½–2 TL Matchapulver
1 EL Zucker | 50 g Puderzucker
350 g weiße Kuvertüre

Außerdem:
rechteckige Form (z. B. Kastenkuchenform, 25–28 cm Länge)

1 Die Limetten heiß waschen, abtrocknen und die Schale fein (ohne das bittere Weiße) abreiben. Die Schale von 1 Limette mit der Sahne und dem Matchapulver in einem kleinen Topf zum Kochen bringen, gut umrühren, vom Herd ziehen und 15 Min. ziehen lassen.

2 Inzwischen übrige Limettenschale mit dem Zucker im Mörser fein zermahlen, dann mit dem Puderzucker vermengen und in einen tiefen Teller sieben. Die Kuvertüre fein hacken und in eine Metallschüssel geben. Die Form mit Klarsicht- oder Alufolie auslegen.

3 Die Matcha-Limetten-Sahne erneut zum Kochen bringen und durch ein feines Sieb über die Kuvertüre gießen (dabei Limettenschale mit einem Löffelrücken gut ausdrücken). Kurz stehen lassen, dann mit einem Gummispatel rühren, bis sich die Kuvertüre komplett aufgelöst hat. (Löst sie sich nicht ganz auf, mit einem heißen Wasserbad nachhelfen).

4 Die Schokomasse in die vorbereitete Form gießen, abdecken, in den Kühlschrank stellen und in 2–3 Std. fest werden lassen.

5 Die Trüffelplatte auf ein Arbeitsbrett stürzen, die Folie abziehen und die Platte in 36–38 mundgerechte Stücke schneiden. Diese wahlweise gleich im Limettenzucker wälzen oder – mit kühlen Händen – schnell zu kleinen Kugeln rollen und erst dann im Zucker wälzen. Luftdicht verpackt sind die Grüntee-Trüffel 1–2 Wochen im Kühlschrank haltbar.

TIPP: Diese Trüffelpralinen lassen sich – anstatt sie in Limettenzucker zu wälzen – auch ganz klassisch mit geschmolzener weißer Schokolade überziehen.

Geht das nur mir so? Liegengebliebene Post hat mich nach dem Abendessen doch noch mal vor den Computer gelotst, im Nu ist es kurz vor Mitternacht und plötzlicher Heißhunger auf was Süßes treibt mich in die Küche. Ein Stück Schokolade würde zwar helfen, aber diese Brownies (natürlich mit einem Glas eiskalter Milch) spielen in einer ganz anderen Liga ...

Baileys-Brownies
mit Nusskruste

MENGE 16 Stück | **ZUBEREITUNGSZEIT** ca. 20 Min. plus 28–30 Min. Backen
SAISON ganzjährig | **SCHWIERIGKEITSGRAD** ✶✶✶

200 g Zartbitterschokolade (50–65 % Kakaoanteil)
150 g Butter
½ TL lösliches Kaffeepulver
3 Eier (M)
150 g hellbrauner Rohrohrzucker (z. B. Muscovado)
50 g weißer Zucker
¼ TL gemahlener Zimt
¼ TL feines Meersalz
125 g Mehl
25 g schwach entöltes Kakaopulver
60 ml Baileys (Whiskey-Sahne-Likör)
50 g gehackte Haselnüsse

Außerdem: Brownieform (20 x 20 cm)

1 Backofen auf 190° (Umluft 170°) vorheizen, die Brownieform mit Backpapier auslegen. Die Schokolade fein hacken und zusammen mit der Butter und dem Kaffeepulver in einer Metallschüssel über dem heißen Wasserbad schmelzen, dabei gelegentlich umrühren.

2 Eier in einer Schüssel mit den Quirlen des Handrührgeräts oder der Küchenmaschine kurz aufschlagen, beide Zuckersorten dazugeben, in mind. 3 Min. cremig rühren. Schokobutter, Zimt und Salz unterrühren, dann Mehl und Kakao darübersieben, den Baileys dazugeben und nur so lange weiterrühren, bis ein homogener Teig entstanden ist.

3 Den Teig in die Form gießen, glatt verstreichen und die Nüsse gleichmäßig darüberstreuen. Im Ofen (Mitte) 28–30 Min. backen.* Herausnehmen, nach 10 Min. die Gebäckplatte mit Hilfe des Backpapiers aus der Form heben und auf einem Kuchengitter komplett auskühlen lassen. Dann in 16 gleich große Stücke schneiden.

* Brownies sollten nicht ganz durchgebacken werden, sonst verlieren sie ihre Saftigkeit. Die bewährte Stäbchenprobe ist deshalb wenig nützlich – bleibt das Holzstäbchen nämlich sauber, waren sie eigentlich schon zu lange im Ofen. Hilfreicher ist hier eine Fingerprobe: Sanft in die Mitte des Gebäcks drücken – es darf sich noch nicht ganz fest bzw. durchgebacken anfühlen.

Wer sehr gerne Süßwein trinkt, kennt diese typischerweise mit Mandeln zubereiteten, recht harten Kekse. Sie sind eigentlich zum Eintunken in Marsala oder Vin Santo gedacht, dann entfalten sie ihr eigentliches Potenzial erst richtig. Mit Pistazien sind sie noch ein wenig edler, perfekt übrigens auch, um ein schönes Menü stilvoll abzuschließen.

Pistazien-Cantuccini

MENGE 26–30 Stück | **ZUBEREITUNGSZEIT** ca. 20 Min. plus 39–43 Min. Backen
SAISON ganzjährig | **SCHWIERIGKEITSGRAD** ✳︎✳︎✳︎

1 Bio-Zitrone | 1 Ei (M oder L)
75 g Zucker | 25 g Vanillezucker
1 Prise feines Meersalz
75 g Pistazienkerne (mit oder ohne Haut)
150–175 g Mehl | knapp ½ TL Backpulver

Außerdem:
Mehl zum Arbeiten

1 Backofen auf 175° (Umluft 155°) vorheizen, ein Backblech mit Backpapier auslegen. Die Zitrone heiß waschen, abtrocknen und die Schale fein (ohne das bittere Weiße) abreiben: für ein feines Zitronenaroma nur die Schale der halben Frucht verwenden, für ein ausgeprägtes Aroma die komplette Zitrone abreiben.

2 Das Ei, Zucker und Vanillezucker in eine Schüssel geben und mit den Quirlen des Handrührgeräts oder der Küchenmaschine in 3–5 Min. cremig rühren. Salz und Pistazien kurz unterrühren, Mehl und Backpulver darübersieben. Alles entweder mit den Knethaken oder von Hand zu einem gut formbaren, kaum klebrigen Teig verarbeiten (wenn nötig, noch etwas Mehl dazugeben).

3 Den Teig halbieren und jede Hälfte auf einem bemehlten Arbeitsbrett zu einer 3 cm dicken Rolle formen. Beide Rollen mit etwas Abstand auf das Blech legen und im Ofen (Mitte) in 24–28 Min. goldbraun backen.

4 Das Blech aus dem Ofen nehmen und die Gebäckrollen noch heiß auf das Arbeitsbrett legen. Die Rollen mit einem Sägemesser leicht schräg in gleichmäßige, knapp 1 cm dicke Scheiben schneiden.* Cantuccini-Scheiben mit einer Schnittfläche nach unten wieder auf das Blech legen.

5 Das Backblech ein zweites Mal in den Ofen (Mitte) schieben und die Cantuccini ca. 15 Min. backen, dabei zur Halbzeit alle Kekse einmal wenden. Dann aus dem Ofen nehmen und auf einem Kuchengitter vollständig auskühlen lassen. In einer luftdicht verschlossenen Dose halten die Cantuccini wochenlang.

Um sich seine Finger beim Hantieren mit den heißen Gebäckrollen nicht zu verbrennen, kann man diese mit einem Küchentuch oder mehrfach gefalteten Küchenpapier an Ort und Stelle halten, während man Scheiben davon abschneidet.

Register

Ahornsirup: Herbstmüsli mit Ahornsirup und Nüssen 48

Äpfel
- Apfelkuchen-Porridge 21
- Apfelkücherl mit Zimtzucker 68
- Apfelmus (Tipp) 58
- Apfelstrudel 60
- Bratäpfel 135
- Früchtemichel mit Apfel, Kirschen und Zwetschgen 65
- Müsli Orphée 10

Aprikosen
- 3-Früchte-Crumble für jede Obstsaison 128
- Eton Mess mit Ofenfrüchten 132
- Luftikus mit karamellisierten Früchten 18
- Marillenknödel zum Verlieben 55

Aufstriche
- 1-2-3-Brotaufstriche 28
- Erdbeerbutter 28
- Pfirsich Melba zum Frühstück 28
- Stracciatella aufs Brot 28

Babycakes mit frischen Beeren 114
Baileys-Brownies mit Nusskruste 150

Bananen
- Bananencookie im Glas 40
- BaNuSchoKo-Granola mit Bananen, Nüssen, Schokolade und Kokos 33
- Pancakes mit Bananen und Heidelbeeren 14

Belgische Waffeln 82
Biskuit: 30-Minuten-Biskuitroulade 89
Bomboloni 94
Bratäpfel 135

Brombeeren
- 3-Früchte-Crumble für jede Obstsaison 128
- Babycakes mit frischen Beeren 114
- Fruchtige Frühstücksbecher mit Haferflockenkrokant 16
- Limetten-Ingwer-Posset mit Beeren und Cantuccini 85
- Rote Grütze mit Kokos-Crème-Anglaise 102

Brotaufstriche
- 1-2-3-Brotaufstriche 28
- Erdbeerbutter 28
- Pfirsich Melba zum Frühstück 28
- Stracciatella aufs Brot 28

Brötchen: Rosinenbrötchen mit Mandelsplittern 8
Brownies: Baileys-Brownies mit Nusskruste 150

Cantuccini
- Limetten-Ingwer-Posset mit Beeren und Cantuccini 85
- Pistazien-Cantuccini 152
- Ziegenkäseparfait mit Cassisfrüchten 136

Cassis: Ziegenkäseparfait mit Cassisfrüchten 136
Cayucos-Cookies 140
Coffee to go 112
Cola-Peanutbutter-Cupcakes 80
Cookies (siehe Kekse)
Cranberrycookies mit Fleur de Sel 36
Crème Anglaise: Rote Grütze mit Kokos-Crème-Anglaise 102
Crème brulée mit Passionsfrucht 130
Croissants mit Pistazien-Frangipane 27
Crumble: 3-Früchte-Crumble für jede Obstsaison 128

Cupcakes
- Cola-Peanutbutter-Cupcakes 80
- Passionsfrucht-Cupcakes mit Himbeerfrosting 98

Datteln: Powerkugeln orientalisch 42
Dreierlei-Ingwer-Kekse 47

Eis
- Coffee to go 112
- Kamillenblüteneis mit Holunderbeersirup 104
- Käsekuchen-Steckerleis mit Erdbeerstreifen 101
- Nugat-Semifreddo mit Haselnusskrokant 127
- Orientalisches Milchreiseis mit Pfirsichen und Safran 109
- Ruby Red mit Pflaumen, Hibiskus, Himbeeren 118
- Ziegenkäseparfait mit Cassisfrüchten 136

Erdbeeren
- Erdbeerbutter 28
- Fruchtige Frühstücksbecher mit Haferflockenkrokant 16
- Müsli Orphée 10
- Pimm's Melonensalat mit Minzesirup 111
- Rote Grütze mit Kokos-Crème-Anglaise 102

Erdbeerkonfitüre: Käsekuchen-Steckerleis mit Erdbeerstreifen 101

Erdnussbutter
- Cayucos-Cookies 140
- Cola-Peanutbutter-Cupcakes 80

Mi-cuit au chocolat mit Überraschung 122
Schokoladenkekse mit Erdnusssplittern 140

Erdnüsse
Cayucos-Cookies 140
Cola-Peanutbutter-Cupcakes 80
Erdnussknusperecken 39
Schokoladenkekse mit Erdnusssplittern 140
Eton Mess mit Ofenfrüchten 132

Feigen
Walnuss-Feigen-Makronen 146
Ziegenkäseparfait mit Cassisfrüchten 136
Fingernudeln: Süße Fingernudeln in Mohnbutter geschwenkt 66
Flaumiger Grießbrei mit Rhabarberkompott 57
Fleur de Sel: Cranberrycookies mit Fleur de Sel 36
Frangipane: Croissants mit Pistazien-Frangipane 27
French Toast für Erwachsene 24
Früchtemichel mit Apfel, Kirschen und Zwetschgen 65
Fruchtige Frühstücksbecher mit Haferflockenkrokant 16

Gebäck
30-Minuten-Biskuitroulade 89
Apfelstrudel 60
Babycakes mit frischen Beeren 114
Baileys-Brownies mit Nusskruste 150
Belgische Waffeln 82
Cayucos-Cookies 140
Cola-Peanutbutter-Cupcakes 80
Cranberrycookies mit Fleur de Sel 36
Dreierlei-Ingwer-Kekse 47
Haselnussmuffins mit Koffein-Kick 34
Heidelbeerkuchen 79
Kokosmousse mit Sesamwaffeln 125
Meringue-Tartelettes 90
Mi-cuit au chocolat mit Überraschung 122
Orangen-Madeleines mit einem Hauch Lady Grey 76
Passionsfrucht-Cupcakes mit Himbeerfrosting 98
Rosinenbrötchen mit Mandelsplittern 8
Schokoholics Pralinentarte 92
Schokoladenkekse mit Erdnusssplittern 140
Schokowaffeln 22
Scones simpel oder extravagant 13
Walnuss-Feigen-Makronen 146
Zweierlei Shortbread mit Vanille, Zitrone und Mohn 86
Gelee: 30-Minuten-Biskuitroulade 89
Germknödel mit Vanillesauce und Mohnzucker 62

Getränke
Bananencookie im Glas 40
Grapefruit-Ingwer-Limonade 106
Happy-Day-Drink 40
Kräuterlimo 106
Smoothies & Shakes 40
Sommerfrischling 40
Sommerlimonaden 106
Zwetschgen-Pflaumen-Limonade 106
Granita: Ruby Red mit Pflaumen, Hibiskus, Himbeeren 118
Granola: BaNuSchoKo-Granola mit Bananen, Nüssen, Schokolade und Kokos 33
Grapefruit-Ingwer-Limonade 106
Grieß: Flaumiger Grießbrei mit Rhabarberkompott 57
Grüntee-Trüffel mit weißer Schokolade 149
Grütze: Rote Grütze mit Kokos-Crème-Anglaise 102

Haferflocken
3-Früchte-Crumble für jede Obstsaison 128
Apfelkuchen-Porridge 21
BaNuSchoKo-Granola mit Bananen, Nüssen, Schokolade und Kokos 33
Cranberrycookies mit Fleur de Sel 36
Fruchtige Frühstücksbecher mit Haferflockenkrokant 16
Herbstmüsli mit Ahornsirup und Nüssen 48
Müsli Orphée 10
Happy-Day-Drink 40

Haselnüsse
Baileys-Brownies mit Nusskruste 150
Fruchtige Frühstücksbecher mit Haferflockenkrokant 16
Haselnussmuffins mit Koffein-Kick 34
Nugat-Semifreddo mit Haselnusskrokant 127
Schokoholics Pralinentarte 92

Heidelbeeren
Fruchtige Frühstücksbecher mit Haferflockenkrokant 16
Heidelbeerkuchen 79
Limetten-Ingwer-Posset mit Beeren und Cantuccini 85
Pancakes mit Bananen und Heidelbeeren 14
Herbstmüsli mit Ahornsirup und Nüssen 48
Hibiskus: Ruby Red mit Pflaumen, Hibiskus, Himbeeren 118

Himbeeren
Babycakes mit frischen Beeren 114
Flaumiger Grießbrei mit Rhabarberkompott 57
Fruchtige Frühstücksbecher mit Haferflockenkrokant 16
Happy-Day-Drink 40
Limetten-Ingwer-Posset mit Beeren und Cantuccini 85
Pfirsich Melba zum Frühstück 28
Rote Grütze mit Kokos-Crème-Anglaise 102
Ruby Red mit Pflaumen, Hibiskus, Himbeeren 118
Himbeerkonfitüre: Passionsfrucht-Cupcakes mit Himbeerfrosting 98

Holunder
- Holler-Panna-cotta 120
- Kamillenblüteneis mit Holunderbeersirup 104

Ingwer
- Dreierlei-Ingwer-Kekse 47
- Grapefruit-Ingwer-Limonade 106
- Kräuterlimo 106
- Limetten-Ingwer-Posset mit Beeren und Cantuccini 85

Italienische Mini-Krapfen 94

Joghurt
- Fruchtige Frühstücksbecher mit Haferflockenkrokant 16
- Sahnejoghurt hausgemacht 50

Johannisbeeren: Rote Grütze mit Kokos-Crème-Anglaise 102
Johannisbeersaft: Ziegenkäseparfait mit Cassisfrüchten 136

Kaffee
- Coffee to go 112
- Haselnussmuffins mit Koffein-Kick 34

Kamille
- Kamillenblüteneis mit Holunderbeersirup 104
- Kräuterlimo 106

Karamell: Luftikus mit karamellisierten Früchten 18
Karamellen: Kokoskaramellen mit Passionsfrucht 144
Kartoffeln: Süße Fingernudeln in Mohnbutter geschwenkt 66
Käse: Ziegenkäseparfait mit Cassisfrüchten 136
Käsekuchen-Steckerleis mit Erdbeerstreifen 101

Kekse
- Bananencookie im Glas 40
- Cayucos-Cookies 140
- Cookies & Cream-Pralinen 143
- Cranberrycookies mit Fleur de Sel 36
- Dreierlei-Ingwer-Kekse 47
- Orangen-Madeleines mit einem Hauch Lady Grey 76
- Schokoladenkekse mit Erdnusssplittern 140
- Walnuss-Feigen-Makronen 146
- Zweierlei Shortbread mit Vanille, Zitrone und Mohn 86

Kirschen
- Früchtemichel mit Apfel, Kirschen und Zwetschgen 65
- Luftikus mit karamellisierten Früchten 18
- Rote Grütze mit Kokos-Crème-Anglaise 102
- Ziegenkäseparfait mit Cassisfrüchten 136

Knödel
- Germknödel mit Vanillesauce und Mohnzucker 62
- Marillenknödel zum Verlieben 55
- Oma Luises Zwetschgenknödel 73

Kokosmilch
- Kokoskaramellen mit Passionsfrucht 144
- Kokosmousse mit Sesamwaffeln 125
- Orientalisches Milchreiseis mit Pfirsichen und Safran 109
- Rote Grütze mit Kokos-Crème-Anglaise 102

Kokosraspel
- 3-Früchte-Crumble für jede Obstsaison 128
- BaNuSchoKo-Granola mit Bananen, Nüssen, Schokolade und Kokos 33
- Croissants mit Pistazien-Frangipane 27

Kompott: Flaumiger Grießbrei mit Rhabarberkompott 57
Kondensmilch: Orientalisches Milchreiseis mit Pfirsichen und Safran 109

Konfitüre
- 30-Minuten-Biskuitroulade 89
- Käsekuchen-Steckerleis mit Erdbeerstreifen 101
- Passionsfrucht-Cupcakes mit Himbeerfrosting 98
- Pfannkuchen mit Konfitüre 58

Krapfen: Bomboloni 94
Kräuterlimo 106
Krokant: Nugat-Semifreddo mit Haselnusskrokant 127

Limetten-Ingwer-Posset mit Beeren und Cantuccini 85

Limonaden
- Grapefruit-Ingwer-Limonade 106
- Kräuterlimo 106
- Zwetschgen-Pflaumen-Limonade 106

Luftikus mit karamellisierten Früchten 18

Madeleines: Orangen-Madeleines mit einem Hauch Lady Grey 76
Makronen: Walnuss-Feigen-Makronen 146

Mandeln
- BaNuSchoKo-Granola mit Bananen, Nüssen, Schokolade und Kokos 33
- Bratäpfel 135
- Croissants mit Pistazien-Frangipane 27
- Früchtemichel mit Apfel, Kirschen und Zwetschgen 65
- Fruchtige Frühstücksbecher mit Haferflockenkrokant 16
- Herbstmüsli mit Ahornsirup und Nüssen 48
- Powerkugeln orientalisch 42
- Rosinenbrötchen mit Mandelsplittern 8

Mango: Fruchtige Frühstücksbecher mit Haferflockenkrokant 16
Marillenknödel zum Verlieben 55
Marshmallows: Erdnussknusperecken 39
Mascarpone: Cola-Peanutbutter-Cupcakes 80

Melone
- Pimm's Melonensalat mit Minzesirup 111
- Sommerfrischling 40

Meringue-Tarteletts   90
Mi-cuit au chocolat mit Überraschung   122
Milchreis: Orientalisches Milchreiseis mit Pfirsichen und Safran   109
Minze: Pimm's Melonensalat mit Minzesirup   111
Mohn
    Germknödel mit Vanillesauce und Mohnzucker   62
    Scones simpel oder extravagant   13
    Süße Fingernudeln in Mohnbutter geschwenkt   66
    Zweierlei Shortbread mit Vanille, Zitrone und Mohn   86
Mousse: Kokosmousse mit Sesamwaffeln   125
Muffins: Haselnussmuffins mit Koffein-Kick   34
Müsli
    BaNuSchoKo-Granola mit Bananen, Nüssen, Schokolade und Kokos   33
    Herbstmüsli mit Ahornsirup und Nüssen   48
    Müsli Orphée   10

Nektarinen: Fruchtige Frühstücksbecher mit Haferflockenkrokant   16
Nugat-Semifreddo mit Haselnusskrokant   127
Nüsse
    Baileys-Brownies mit Nusskruste   150
    BaNuSchoKo-Granola mit Bananen, Nüssen, Schokolade und Kokos   33
    Bratäpfel   135
    Cayucos-Cookies   140
    Cola-Peanutbutter-Cupcakes   80
    Cranberrycookies mit Fleur de Sel   36
    Croissants mit Pistazien-Frangipane   27
    Erdnussknusperecken   39
    Früchtemichel mit Apfel, Kirschen und Zwetschgen   65
    Fruchtige Frühstücksbecher mit Haferflockenkrokant   16
    Haselnussmuffins mit Koffein-Kick   34
    Herbstmüsli mit Ahornsirup und Nüssen   48
    Nugat-Semifreddo mit Haselnusskrokant   127
    Powerkugeln orientalisch   42
    Rosinenbrötchen mit Mandelsplittern   8
    Schokoholics Pralinentarte   92
    Schokoladenkekse mit Erdnusssplittern   140
    Walnuss-Feigen-Makronen   146

Oma Luises Zwetschgenknödel   73
Orangen-Madeleines mit einem Hauch Lady Grey   76
Orangensaft
    Flaumiger Grießbrei mit Rhabarberkompott   57
    Happy-Day-Drink   40
    Sommerfrischling   40
Orientalisches Milchreiseis mit Pfirsichen und Safran   109

Pancakes mit Bananen und Heidelbeeren   14
Panna cotta: Holler-Panna-cotta   120
Parfait: Ziegenkäseparfait mit Cassisfrüchten   136
Passionsfrüchte
    Crème brulée mit Passionsfrucht   130
    Kokoskaramellen mit Passionsfrucht   144
    Meringue-Tarteletts   90
    Passionsfrucht-Cupcakes mit Himbeerfrosting   98
Pekannüsse
    BaNuSchoKo-Granola mit Bananen, Nüssen, Schokolade und Kokos   33
    Bratäpfel   135
    Fruchtige Frühstücksbecher mit Haferflockenkrokant   16
    Herbstmüsli mit Ahornsirup und Nüssen   48
    Schokoholics Pralinentarte   92
Pfannkuchen mit Konfitüre   58
Pfirsiche
    3-Früchte-Crumble für jede Obstsaison   128
    Fruchtige Frühstücksbecher mit Haferflockenkrokant   16
    Orientalisches Milchreiseis mit Pfirsichen und Safran   109
    Pfirsich Melba zum Frühstück   28
Pflaumen
    3-Früchte-Crumble für jede Obstsaison   128
    Eton Mess mit Ofenfrüchten   132
    Ruby Red mit Pflaumen, Hibiskus, Himbeeren   118
    Zwetschgen-Pflaumen-Limonade   106
Pflaumenkompott: Quarkreis-Töpfchen mit Pflaumen   44
Pflaumenmus
    Germknödel mit Vanillesauce und Mohnzucker   62
    Quarkreis-Töpfchen mit Pflaumen   44
Pimm's Melonensalat mit Minzesirup   111
Pistazien
    Croissants mit Pistazien-Frangipane   27
    Pistazien-Cantuccini   152
Porridge: Apfelkuchen-Porridge   21
Posset: Limetten-Ingwer-Posset mit Beeren und Cantuccini   85
Powerkugeln orientalisch   42
Pralinen
    Cookies & Cream-Pralinen   143
    Grüntee-Trüffel mit weißer Schokolade   149
Puffreis
    Erdnussknusperecken   39
    Herbstmüsli mit Ahornsirup und Nüssen   48

Quark
    Fruchtige Frühstücksbecher mit Haferflockenkrokant   16
    Happy-Day-Drink   40

Marillenknödel zum Verlieben 55
Pancakes mit Bananen und Heidelbeeren 14
Quarkreis-Töpfchen mit Pflaumen 44

Reis
Orientalisches Milchreiseis mit Pfirsichen und Safran 109
Quarkreis-Töpfchen mit Pflaumen 44

Rhabarber: Flaumiger Grießbrei mit Rhabarberkompott 57
Rosinenbrötchen mit Mandelsplittern 8
Rote Grütze mit Kokos-Crème-Anglaise 102
Ruby Red mit Pflaumen, Hibiskus, Himbeeren 118

Safran: Orientalisches Milchreiseis mit Pfirsichen und Safran 109
Sahnejoghurt hausgemacht 50
Salzburger Nockerl 70

Schmand
Babycakes mit frischen Beeren 114
Eton Mess mit Ofenfrüchten 132
Käsekuchen-Steckerleis mit Erdbeerstreifen 101

Schokolade
Baileys-Brownies mit Nusskruste 150
BaNuSchoKo-Granola mit Bananen, Nüssen, Schokolade und Kokos 33
Cayucos-Cookies 140
Coffee to go 112
Cookies & Cream-Pralinen 143
Erdnussknusperecken 39
Grüntee-Trüffel mit weißer Schokolade 149
Mi-cuit au chocolat mit Überraschung 122
Nugat-Semifreddo mit Haselnusskrokant 127
Schokoholics Pralinentarte 92
Schokoladenkekse mit Erdnusssplittern 140
Schokowaffeln 22
Stracciatella aufs Brot 28

Scones simpel oder extravagant 13
Semifreddo: Nugat-Semifreddo mit Haselnusskrokant 127
Sesam: Kokosmousse mit Sesamwaffeln 125

Shakes
Bananencookie im Glas 40
Happy-Day-Drink 40
Sommerfrischling 40

Shortbread: Zweierlei Shortbread mit Vanille, Zitrone und Mohn 86

Sirup
Grapefruit-Ingwer-Limonade 106
Kamillenblüteneis mit Holunderbeersirup 104
Kräuterlimo 106
Pimm's Melonensalat mit Minzesirup 111
Sommerlimonaden 106
Zwetschgen-Pflaumen-Limonade 106

Smoothies
Bananencookie im Glas 40
Happy-Day-Drink 40
Sommerfrischling 40

Sommerlimonaden 106
Sorbet: Ruby Red mit Pflaumen, Hibiskus, Himbeeren 118
Stracciatella aufs Brot 28
Strudel: Apfelstrudel 60
Süße Fingernudeln in Mohnbutter geschwenkt 66

Tarte: Schokoholics Pralinentarte 92
Tarteletts: Meringue-Tarteletts 90

Tee
Grüntee-Trüffel mit weißer Schokolade 149
Orangen-Madeleines mit einem Hauch Lady Grey 76

Trockenfrüchte
Bratäpfel 135
Herbstmüsli mit Ahornsirup und Nüssen 48
Scones simpel oder extravagant 13

Trüffel: Grüntee-Trüffel mit weißer Schokolade 149

Vanille
Germknödel mit Vanillesauce und Mohnzucker 62
Zweierlei Shortbread mit Vanille, Zitrone und Mohn 86

Waffeln
Belgische Waffeln 82
Kokosmousse mit Sesamwaffeln 125
Schokowaffeln 22

Walnüsse
Walnuss-Feigen-Makronen 146
BaNuSchoKo-Granola mit Bananen, Nüssen, Schokolade und Kokos 33
Bratäpfel 135
Cranberrycookies mit Fleur de Sel 36
Herbstmüsli mit Ahornsirup und Nüssen 48
Powerkugeln orientalisch 42
Schokoholics Pralinentarte 92

Ziegenkäseparfait mit Cassisfrüchten 136
Zimtzucker: Apfelkücherl mit Zimtzucker 68
Zitrone: Zweierlei Shortbread mit Vanille, Zitrone und Mohn 86
Zweierlei Shortbread mit Vanille, Zitrone und Mohn 86

Zwetschgen
Früchtemichel mit Apfel, Kirschen und Zwetschgen 65
Oma Luises Zwetschgenknödel 73
Zwetschgen-Pflaumen-Limonade 106

Appetit auf mehr?

ISBN 978-3-8338-2166-0

ISBN 978-3-8338-2630-6

ISBN 978-3-8338-2519-4

ISBN 978-3-8338-2712-9

Alle hier vorgestellten Bücher sind auch als eBook erhältlich.

Mehr von GU auf **www.gu.de** und
facebook.com/gu.verlag

Willkommen im Leben.

Impressum

Die Autorin und Fotografin Nicole Stich
Marillenknödel könnte sie immer essen, Müsli Orphée begleitet sie seit ihrem Studium, selbst gemachtes Granola hat sie immer griffbereit im Küchenregal – Nicole Stich macht kein Geheimnis aus ihrer Leidenschaft für feine Leckereien. In ihrem erfolgreichen foodblog www.deliciousdays.com begeistert sie schon lange mit Rezepten und Fotos zum Dahinschmelzen, auch in ihrem Buch »Geschenkideen aus der Küche« kommt die Lust auf Süßes nicht zu kurz. Im neuen Buch »Sweets« konzentriert sie sich erstmals ausschließlich auf die süßen Highlights aus ihrer Küche und Backstube. Und fotografierte sie gleich an Ort und Stelle so umwerfend, dass niemand widerstehen kann.

Ein Extra-Dank der Autorin geht an Oliver Seidel, Inés Gutiérrez, Ulrike Sepp, Hande und Theo Leimer, Kristin Baeck, Sebastian Dickhaut, Coco Lang, Christa Brunner, Ruth und Rudi Herfurtner, Gitti und Lena Henneberg sowie an alle Testköche und -esser und die Leser von deliciousdays.com.

Bildnachweis: Alle Fotos von Nicole Stich, Porträt von Oliver Seidel
Syndication:
www.jalag-syndication.de

Projektleitung und Redaktion: Sabine Sälzer

Umschlaggestaltung und Innenlayout: Independent Mediendesign Horst Moser, München

Lektorat, Satz/DTP, Gestaltung: Redaktionsbüro Christina Kempe, München

Herstellung: Renate Hutt

Schlusskorrektur: Petra Bachmann

Repro: medienprinzen GmbH, München

Druck und Bindung: Firmengruppe APPL, aprinta druck, Wemding

© 2013 GRÄFE UND UNZER VERLAG GmbH, München.

Alle Rechte vorbehalten. Nachdruck, auch auszugsweise, sowie Verbreitung durch Film, Funk, Fernsehen und Internet, durch fotomechanische Wiedergabe, Tonträger und Datenverarbeitungssysteme jeglicher Art nur mit schriftlicher Genehmigung des Verlages.

Umwelthinweis: Dieses Buch ist auf PEFC-zertifiziertem Papier aus nachhaltiger Waldwirtschaft gedruckt.

ISBN 978-3-8338-2892-8

1. Auflage 2013

 www.facebook.com/gu.verlag

Ein Unternehmen der
GANSKE VERLAGSGRUPPE

Unsere Garantie
Alle Informationen in diesem Ratgeber sind sorgfältig und gewissenhaft geprüft. Sollte dennoch einmal ein Fehler enthalten sein, schicken Sie uns das Buch mit dem entsprechenden Hinweis an unseren Leserservice zurück. Wir tauschen Ihnen den GU-Ratgeber gegen einen anderen zum gleichen oder ähnlichen Thema um.

Liebe Leserin, lieber Leser,
wir freuen uns, dass Sie sich für ein GU-Buch entschieden haben. Mit Ihrem Kauf setzen Sie auf die Qualität, Kompetenz und Aktualität unserer Ratgeber. Dafür sagen wir Danke! Wir wollen als führender Ratgeberverlag noch besser werden. Daher ist uns Ihre Meinung wichtig. Bitte senden Sie uns Ihre Anregungen, Ihre Kritik oder Ihr Lob zu unseren Büchern.
Haben Sie Fragen oder benötigen Sie weiteren Rat zum Thema? Wir freuen uns auf Ihre Nachricht!

Wir sind für Sie da!
Montag–Donnerstag:
8.00–18.00 Uhr;
Freitag: 8.00–16.00 Uhr
Tel.: 08 00/7 23 73 33
Fax: 08 00/5 01 20 54
(kostenlose Servicenummern)
E-Mail:
leserservice@graefe-und-unzer.de

P.S.: Wollen Sie noch mehr Aktuelles von GU wissen, dann abonnieren Sie doch unseren kostenlosen GU-Online-Newsletter und/oder unsere kosten losen Kundenmagazine.

GRÄFE UND UNZER VERLAG
Leserservice
Postfach 86 03 13
81630 München